DIE ALTEN ÄGYPTER

DIE FASZINIERENDE GESCHICHTE EINER ALTEN ZIVILISATION

VON FIONA MACDONALD

Arena

Fachberatung: Dr. Ian Shaw
Projektmanager: Jilly MacLeod
Artdirektor: Rachel Hamdi
Bildnachweis: Cathie Arrington
Designer: Holly Mann
Umschlaggestaltung: James Annal
Redaktion: Julia Bruce

Die Originalausgabe erschien 2003 unter dem Titel »Ancient Egyptians« bei HarperCollins Publishers Ltd

wall to wall

www.walltowall.co.uk

In neuer Rechtschreibung

1. Auflage 2004

Aus dem Englischen von Franca Fritz und Heinrich Koop
ISBN 3-401-05748-0
Printed in Belgium

INHALT

Das Königreich am Nil

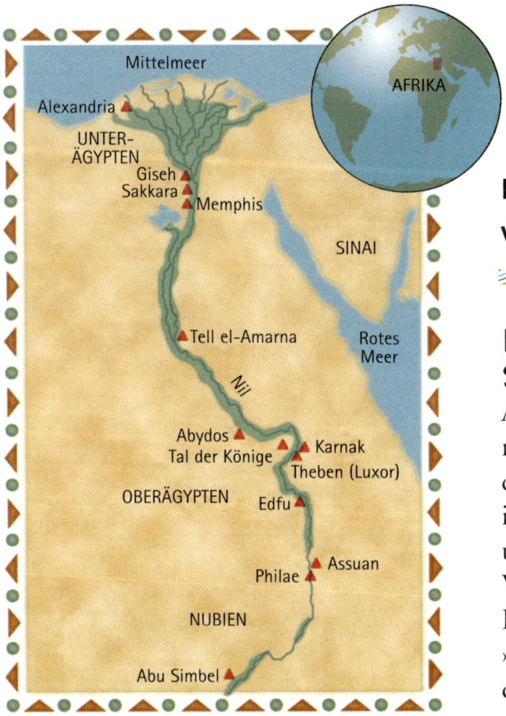

▲ Die alten Ägypter lebten in Siedlungen am Ufer des Nils und im fruchtbaren Nildelta, wo der Fluss ins Mittelmeer strömt.

Über dreitausend Jahre lang – von 3100 v. Chr. bis 30 v. Chr. – war das Land Ägypten die Heimat einer der ältesten und großartigsten Zivilisationen der Welt. Die alten Ägypter glaubten daher auch, ihr Land wäre von den Göttern gesegnet.

Rotes Land, schwarzes Land

Ägypten liegt in Nordafrika, einer rauen, heißen und trockenen Region der Erde. Die alten Ägypter nannten ihr Land »Deschret« (Rotes Land) und die moderne Form dieses Wortes (desert) wird in manchen Ländern bis heute als Wort für »Wüste« verwendet. Aber mitten durch diese Wüste strömte ein gewaltiger Fluss, der Nil, und er brachte den Menschen an beiden Seiten des Flussufers Leben und Wohlstand. Einmal im Jahr trat der Nil über die Ufer und überschwemmte das umliegende Land mit klebrigem, übel riechendem Schlamm, den die Ägypter »Kemet« (Schwarzes Land) nannten.

Vor über 8000 Jahren fanden ägyptische Bauern heraus, dass sich auf diesem schwarzen, fruchtbaren Schlamm sehr gut Weizen und Gerste anbauen ließen. Also zogen sie Bewässerungsgräben und lenkten so das Flusswasser des Nils auf ihre Felder.

Einige tausend Jahre später domestizierten (zähmten) sie die ersten Schafe, Ziegen und Schweine und ab etwa 3500 v. Chr. begannen sie Dörfer und Grabstätten aus sonnengetrockneten Lehmziegeln zu bauen und in der Wüste nach Gold und Edelsteinen zu suchen. Im Laufe der Jahre kamen die Ägypter zu großem Wohlstand. Sie begannen Handel zu treiben und Städte zu bauen. Sie schickten Expeditionen nach Süden, um mit den Ländern in Afrika zu handeln. Und sie sandten Armeen nach Norden, um gegen andere mächtige Königreiche im Nahen Osten zu kämpfen.

Glaube und Religion

Die alten Ägypter entwickelten starke und mächtige religiöse Überzeugungen, von denen sie sich in jedem Augenblick des Tages leiten ließen. So bauten sie zum Beispiel viele Siedlungen am Ostufer des Nils, auf der Seite also, auf der die Sonne aufging – denn für die alten Ägypter war die aufgehende Sonne ein Symbol des Lebens. Ihre Gräber dagegen bauten sie am Westufer des Flusses, wo die Sonne unterging – denn das war für die alten Ägypter das Land der Toten.

Sowohl Männer als auch Frauen opferten den Göttern, die die Welt um sie herum lenkten: So brachte der Gott Hapi die alljährliche Nilflut, während die Göttin Nut den

Ägyptische Herrscher trugen prachtvollen Schmuck aus Gold und wertvollen Steinen wie diesen Glücksbringer in Form eines Skarabäus. Der Körper des Käfers ist aus Lapislazuli angefertigt, einem tiefblauen Halbedelstein. ▼

Diese Computeranimation zeigt die große Säulenhalle im Tempel des Sonnengottes Amun in Karnak. Die gewaltigen Säulen sind geöffneten Lotosblüten nachgebildet, die aus dem sumpfigen Boden erwachsen. Sie sollen Leben und Macht symbolisieren. ▶

▲ Diese Grabmalerei zeigt eine tote Familie (und ihre Katze), die im Jenseits vergnügt Wasservögel fängt. Doch auch im Diesseits gingen die Ägypter gern im Schilf des Nilufers auf Jagd.

Sternenhimmel beherrschte. Neben den Göttern verehrten die alten Ägypter auch Tiere wie den Skarabäus – einen Käfer, der unermüdlich kleine Kugeln aus Kot über den Boden rollt. Dieses Bild erinnerte die Ägypter an die Sonne, die jeden Tag am Himmel »entlangrollte«. Daher glaubten sie, dass ein Skarabäus magische Kräfte hätte.

EIN NEUES, MÄCHTIGES KÖNIGREICH

In der Frühzeit gab es in Ägypten zwei Königreiche, eines im Süden (Oberägypten) und eines im Norden (Unterägypten). Doch um 3100 v. Chr. wurden Ober- und Unterägypten miteinander vereint. Über dieses vereinigte Königreich von Ägypten herrschten sehr mächtige Könige, die man später auch »Pharaonen« nannte. Im Laufe der Jahrhunderte wurde Ägypten immer reicher und stärker. Die Pharaonen eroberten neue Länder, bauten prächtige Paläste und gaben viel Geld für gewaltige Grabstätten aus – für Pyramiden, Tempel und Felsgräber. Das heiße, trockene Wüstenklima Ägyptens hat dafür gesorgt, dass viele dieser Kunstschätze so gut erhalten geblieben sind, dass wir sie auch heute noch bewundern können.

Entdeckung der Vergangenheit

Seit tausenden von Jahren hat die ägyptische Kultur die Menschheit fasziniert. Vor etwa 2500 Jahren kamen die ersten wissbegierigen Besucher aus dem antiken Griechenland nach Ägypten. Heute versuchen Archäologen, Wissenschaftler und andere Gelehrte mit vielen technischen Tricks alles über das alte Ägypten herauszufinden und seine aufregende Vergangenheit zu neuem Leben zu erwecken.

▲ Diese Hieroglyphen am Tempel von Karnak berichten vom großen ägyptischen Sieg in der Schlacht von Megiddo. Mehr darüber erfahrt ihr auf den Seiten 56–57.

Schriftliche Aufzeichnungen

Eine der wichtigsten Informationsquellen über die alten Ägypter sind ihre eigenen Aufzeichnungen. Die Ägypter gehörten zu den ersten Völkern, die eine eigene Schrift erfanden, und viele ihrer Dokumente und Inschriften (in Stein eingeritzte Texte) sind bis heute erhalten geblieben. Diese Dokumente wurden von professionellen Schreibern erstellt, die dabei drei unterschiedliche Schriftarten benutzten.

Die Hieroglyphenschrift (eine Art Bilderschrift) wurde um 3100 v. Chr. entwickelt. Sie ist die älteste ägyptische Schrift: Jedes Bildsymbol steht für einen Gegenstand, eine Idee oder – in späterer Zeit – für einen Klang. Hieroglyphen benutzte man hauptsächlich für religiöse Texte oder zur Niederschrift wichtiger Informationen wie etwa eines großen Sieges in einer Schlacht.

Nach 1780 v. Chr. begannen die Schreiber für offizielle Dokumente, wissenschaftliche und medizinische Texte oder Bücher mit Zaubersprüchen die hieratische Schrift zu verwenden. Auch das Hieratische basierte auf Bildsymbolen, aber es kombinierte die Bilder nicht mit Buchstaben, sondern mit Strichen und Strichgruppen. Hieratische Texte wurden auf Papyrus (ein papierähnlicher

Kurze Notizen und Botschaften wurden in Steine eingeritzt oder auf kleine Tonscherben geschrieben, die so genannten »Ostraka«. ▼

Stoff aus Schilfgras) niedergeschrieben: Dazu benutzte man einen Binsenhalm und eine aus Ruß und Wasser gemischte Tinte. Die demotische Schrift schließlich entstand um 500 v. Chr. und verwendete fließende Formen statt Bildsymbolen. Sie ließ sich sehr schnell schreiben und eignete sich daher gut für kurze, eilige Notizen.

GESCHICHTEN IN BILDERN

Vieles über die alten Ägypter erfahren wir durch die Betrachtung ihrer Statuen, Hieroglyphen und Wandmalereien – denn dort sind in allen Einzelheiten die Kleidung, Frisuren, Feste, religiösen Riten und das Familienleben der damaligen Zeit dargestellt. Aber man hat auch viele Gegenstände gefunden, die genaue Informationen über den Alltag im alten Ägypten liefern – von Tierfiguren in Gräbern über Kochtöpfe bis hin zu Kinderspielzeug. All diese Funde müssen sorgfältig untersucht und genau interpretiert werden, weil die alten Ägypter in ihren Bildern eine besondere Formensprache verwendeten. Wenn zum Beispiel eine Frau auf einem Grabgemälde grüne Haut hatte – die Farbe des Lebens und der Wiedergeburt –, dann bedeutete das, dass sie ihrem toten Ehemann bei der Wiedergeburt im Jenseits helfen sollte.

Eine altägyptische Mumie verrät dem Archäologen vieles über das Alter, die Gesundheit, den Wohlstand, das Aussehen und sogar die Todesursache der mumifizierten Person. ▼

DIE VERGANGENHEIT LEBT

Bücher, Filme, Theaterstücke und Fernsehsendungen über die alten Ägypter erfreuen sich schon lange großer Beliebtheit. Doch erst in letzter Zeit haben Fernsehgesellschaften mit Hilfe von Fachleuten damit begonnen, Geschichten aus dem alten Ägypten, die in alten Texten beschrieben werden, nachzustellen und zu verfilmen (rechts). Das macht es leichter, herauszufinden, wie gut alte Werkzeuge und Waffen wirklich funktioniert haben; außerdem bekommt man so einen Eindruck davon, wie das Leben im alten Ägypten gewesen sein muss. Viele Fotos in diesem Buch zeigen Schauspieler, die das Leben im alten Ägypten nachstellen.

VERGRABENE SCHÄTZE, NEUE TECHNIKEN

Viele Jahrhunderte lang reisten Abenteurer nach Ägypten, um die Gräber der Toten zu öffnen und in der Wüste nach verborgenen Schätzen zu graben, die man den Toten mitgegeben hatte. Auf diese Weise kam es zu einigen aufregenden Entdeckungen, wie etwa 1922, als man Tutanchamuns Grabstätte mitsamt allen Schätzen fand. Aber diese ersten »Forscher« gingen sehr unvorsichtig vor: Sie wickelten zum Beispiel Mumien aus, auf der Suche nach noch größeren Schätzen. Die heutigen Wissenschaftler arbeiten mit weniger zerstörerischen Methoden. Sie untersuchen Mumien mit Computertomografen und Endoskopen (winzige Kameras an der Spitze biegsamer Röhren), betrachten unter dem Mikroskop Gewebeproben von Mumien und lassen im Computer Bilder von Gesichtern anfertigen, die nur noch als verschrumpelte Haut und Knochen erhalten sind. Sogar aus der Luft und aus dem Weltraum suchen sie nach Grabstätten: Vor kurzem hat man auf Satellitenfotos die Spuren von Wassergräben in der Wüste entdeckt, die seit Jahrtausenden vergessen waren.

Ein Computertomograf (CT-Scanner) kann eine Mumie in 5 mm dünnen Schichten abtasten. Diese Messdaten werden dann im Computer zu einem dreidimensionalen Bild zusammengesetzt, das aus jedem Winkel betrachtet werden kann. ▶

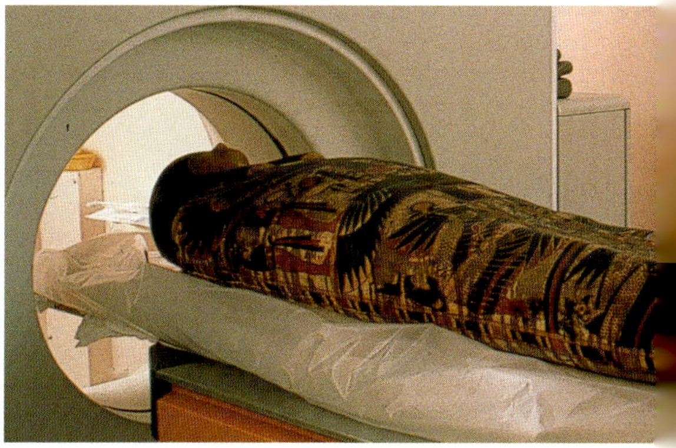

Vom Pharao bis zum Bauern

Die alten Ägypter glaubten, dass die Welt von den Göttern erschaffen worden war und jeden Tag von der Sonne erneuert wurde. Sie waren davon überzeugt, dass sie selbst bei der Erhaltung dieser Welt eine wichtige Rolle spielten. Deshalb musste jeder Ägypter, je nach seinem Rang in der Gesellschaft, bestimmte Pflichten erfüllen.

Übermensch

Die Könige oder Pharaonen waren keine gewöhnlichen Menschen, sondern übermenschliche »Söhne der Sonne«. Bevor sie geboren wurden, »heirateten« ihre Mütter in einer magischen Zeremonie den Sonnengott. Dies verlieh ihnen in den Augen der Ägypter gottesähnliche Macht – und außerdem besondere Verantwortung. So war der Pharao zugleich auch Hohepriester und bildete das Verbindungsglied zwischen Menschen und Göttern, während er als Oberbefehlshaber der Armee Ägypten vor allen Feinden beschützen musste.

Regierungsaufgaben

Eine der wichtigsten Aufgaben des Pharaos bestand darin, dafür zu sorgen, dass das Land gut verwaltet wurde. Die Regierungsaufgaben wurden vom Wesir (dem leitenden Minister) organisiert. Außer ihm gab es in den einzelnen Landesteilen hohe Beamte – Distriktgouverneure und Bürgermeister –, die ihrerseits ausgebildete Schreiber damit beauftragten, Befehle und Verordnungen herauszugeben, Steuern einzutreiben, Gesetze zu entwerfen, Bauprojekte zu organisieren und die Verwaltungsakten zu führen.

▲ Für die Ägypter war Hathor, die Göttin des Himmels, der Musik und der Freude, die magische Mutter und Beschützerin jedes regierenden Pharaos.

Fürs Beten bezahlt

Die Ägypter glaubten, dass die Welt untergehen würde, wenn sie die Götter beleidigten oder nicht genügend beachteten. Also beschäftigten die Pharaonen viele Priesterinnen und Priester, die Gebete sprachen und im Tempel Opfer brachten, um die Götter zu besänftigen. Daneben betätigten sich die Priester auch als Berater der Regierung oder sie leiteten die großen Landgüter, die zu den Tempeln gehörten. Gelegentlich mischten sie sich sogar so sehr in die Politik ein, dass es zu Regierungskrisen kam.

◀ Um ihre besondere Stellung anzudeuten, trugen die Pharaonen verschiedene Kronen. Der hier gezeigte Goldreif ist mit einem Uräus verziert – einer aufgerichteten Kobra als Symbol der Schlangengöttin Wadjet, die jederzeit bereit ist die Feinde Ägyptens anzugreifen und zu töten.

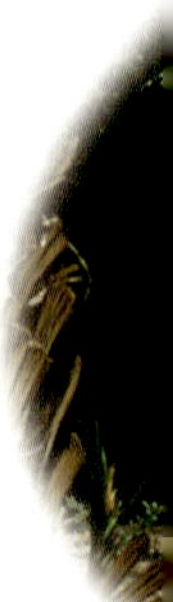

◀ Dieser hochrangige Priester trägt ein Leopardenfell über einem kostbaren Gewand aus Leinen. Priester durften weder Leder noch Wolle tragen, da beides als unrein galt.

DAS EINFACHE VOLK

Was Rang und Reichtum betraf, bestand eine große Kluft zwischen dem Pharao, den Priestern, den Schreibern und dem einfachen Volk. Die meisten ägyptischen Männer und Frauen waren arm und besaßen wenig oder keinen Einfluss. Ihr kurzes Leben – nur wenige Ägypter erreichten das 40. Lebensjahr – verbrachten sie mit harter Arbeit und mit der Ausführung von Befehlen.

Die meisten einfachen Leute waren Bauern, die das Land bebauten, um ihre Familien ernähren und die Miete und die von den Königen auferlegten Steuern bezahlen zu können. Manche Männer verdienten sich ihren Lebensunterhalt, indem sie Segelboote auf dem Nil führten oder im Fluss Fische fingen, andere arbeiteten in den Steinbrüchen oder den Gold- und Edelsteinminen. Die Frauen kümmerten sich um das Haus und die Familie. Daneben webten sie Stoffe, backten Brot oder brauten Bier. In den größeren Städten lebten und arbeiteten rührige Händler und Gruppen geschickter Handwerker wie etwa Töpfer, Goldschmiede und Tischler. Sie alle verdienten mehr Geld als die einfachen Bauern oder Arbeiter und konnten sich größere Häuser, bessere Nahrung und edlere Kleidung leisten.

Manche Bewohner der ägyptischen Städte waren Sklaven. Häufig handelte es sich dabei um Menschen, die von ägyptischen Soldaten im Krieg gefangen genommen und in Ägypten an den Meistbietenden verkauft worden waren. Aber diese Sklaven wurden im Allgemeinen gut behandelt: Sie konnten Grundbesitz erwerben und heiraten, wen sie wollten. Außerdem ließ man sie meist frei, wenn ihre Herrin oder ihr Herr verstarb.

ALLES ÜBER ÄGYPTEN

- DAS WORT »PHARAO« KOMMT VON »PER-AA« UND BEDEUTET »GROSSES HAUS«, WAS SICH AUF DEN PALAST DES KÖNIGS BEZIEHT. AB 1550 V. CHR. BENUTZTE MAN DIESEN TITEL FÜR DEN HERRSCHER ODER KÖNIG.
- JEDER PHARAO HATTE FÜNF NAMEN. DIE ERSTEN DREI WAREN SEINE GÖTTERNAMEN, DER VIERTE NAME WAR DER KÖNIGSNAME VON OBER- UND UNTERÄGYPTEN UND DER FÜNFTE WAR SEIN GEBURTSNAME.

Ein wohlhabendes Ehepaar. Die Frauen im alten Ägypten hatten viele Rechte: Sie konnten eigenes Land besitzen, ein Geschäft führen, Testamente aufsetzen, vor Gericht klagen und dort auch selbst sprechen – alles ohne die Zustimmung ihres Mannes. ▼

◀ Ein Bauer und seine Familie bringen zur Erntezeit Getreidegarben von den Feldern nach Hause. Die Ägypter lebten in engen Familienverbänden und von jedem Mitglied der Familie wurde erwartet, dass es einen Teil der anstrengenden Arbeiten übernahm.

Berühmte Könige

Wir kennen über 300 Könige, die Ägypten zwischen 3100 v. Chr. und 30 v. Chr. regierten. Während ihrer Regierungszeit wurden ihre Namen in ganz Nordafrika und im Nahen Osten gepriesen, respektiert – und in manchen Fällen auch gehasst. Doch nur einige wenige Könige sind bis heute berühmt geblieben. Warum erinnern wir uns an sie?

▲ Tutanchamun (Regierungszeit 1334–1325 v. Chr.) starb bereits mit 18 Jahren. Dennoch enthielt seine Grabstätte einige der schönsten Schmuckstücke, die je im alten Ägypten hergestellt wurden.

Krieger

Einige Pharaonen waren bekannt als große Heerführer, die durch die Eroberung neuer Länder Ägyptens Macht und Reichtum vergrößerten. Amenophis I., der von 1525–1504 v. Chr. regierte, schickte Armeen nach Süden, um Nubien (den heutigen Sudan) zu unterwerfen. Thutmosis III. (Regierungszeit 1479–1425 v. Chr.) marschierte mit seinen Soldaten nach Norden, um die Syrer zu besiegen. Ramses II. (1279–1213 v. Chr.) verteidigte Ägypten erfolgreich gegen die einfallenden Hethiter, die aus dem Gebiet der heutigen Türkei kamen, und zwang sie zum Frieden.

Grosse Baumeister

Andere Pharaonen sind uns vor allem wegen ihrer Bauwerke in Erinnerung geblieben. Die großartigen und geheimnisvollen Pyramiden, die als Grabstätten der Herrscher Cheops (Regierungszeit 2589–2566 v. Chr.) bzw. Chephren (2558–2532 v. Chr.) errichtet wurden, erfüllen den Betrachter auch heute noch mit Ehrfurcht und Bewunderung.

Ramses II. ließ über ein Dutzend gewaltiger Tempel erbauen, darunter so massive Monumente wie die riesige, über einen halben Hektar umfassende Säulenhalle mitsamt Pylon (Haupttor), die in Karnak bei Theben steht.

Grosse königliche Gemahlin

◀ Königin Nefertari (ca. 1300–1250 v. Chr.), die Große Königliche Gemahlin von Ramses II., bringt den Göttern ein Milchopfer dar. Ein Pharao hatte viele Frauen, darunter auch ausländische Prinzessinnen und gelegentlich sogar seine eigene Schwester oder Tochter. Die Hauptfrau des Pharaos trug den Titel Große Königliche Gemahlin und musste wichtige religiöse und rituelle Pflichten erfüllen. Die meisten dieser Frauen besaßen nur wenig Einfluss, aber Nefertari wurde von Ramses sehr geschätzt und viele Porträts zeigen sie wie eine Mitherrscherin an seiner Seite.

Herrscher aus anderen Ländern

Der Tradition nach ging der Titel des Königs vom Vater auf den Sohn über und die ägyptischen Königsdynastien (Herrscherfamilien) wachten eifersüchtig über ihre Macht. Doch einige wenige berühmte Pharaonen stammten nicht aus Ägypten, sondern aus anderen Ländern. Dazu gehörten der persische Großkönig Kambyses und seine Nachfolger, die von 525–404 v. Chr. das Land regierten. Und 323 v. Chr. fiel Alexander der Große von Makedonien in Ägypten ein. Seine Generäle begründeten eine neue Herrscherfamilie, die Ptolemäer. Auch die faszinierende

◀ Thutmosis III. (1479–1425 v. Chr.) grüßt durch ein Balkonfenster hoch in der Palastmauer seine Untertanen. Von solchen »Fenstern für öffentliche Auftritte« aus begrüßten die Pharaonen Besucher aus dem Ausland oder überreichten Belohnungen.

Diese 20 m hohe Statue von Ramses II. steht vor dem von ihm erbauten großen Tempel von Abu Simbel im Süden Ägyptens. Pharaonen wurden oft mit einem falschen Bart porträtiert, dem Symbol göttlicher Macht. ▼

Königin Kleopatra VII. (geboren 69 v. Chr.), die letzte unabhängige Herrscherin im alten Ägypten, gehörte zu dieser »ausländischen« Familie. Sie regierte bis 30 v. Chr., als Ägypten schließlich von Rom erobert wurde.

MÄCHTIGE FRAUEN

Die Pharaonen waren fast ausschließlich Männer, aber es gab auch einige bemerkenswerte Frauen, die – lange vor Kleopatra – über Ägypten herrschten. Königin Ahhotep I. lebte von 1590–1530 v. Chr. und war die Tochter, Frau und Mutter von Königen. Sie regierte Ägypten, als ihr Sohn Ahmose I. in den Krieg zog, und verdiente sich damit den Ehrentitel »Herrin des Landes«.

Etwa 1400 Jahre zuvor scheint eine Frau namens Merneith zur Königin ernannt worden zu sein. Wahrscheinlich fungierte sie als Regentin, bis ihr Sohn Den (regierte ab ca. 2950 v. Chr.) alt genug war, um die Regierungsgeschäfte zu übernehmen.

Aus dem gleichen Grund wurde 1473 v. Chr. Königin Hatschepsut, die Witwe von Pharao Thutmosis II., zur Regentin ernannt – der rechtmäßige Pharao Thutmosis III. war noch ein Kind. Aber als Tuthmosis heranwuchs, weigerte Hatschepsut sich ihm die Macht zu übergeben. Sie krönte sich selbst zum Pharao, ordnete den Bau eines Tempels und einer Grabstätte an, sandte Handelsexpeditionen in ferne Länder und führte Kriege gegen die Nachbarländer Ägyptens. Hatschepsut blieb bis zu ihrem Tod 1458 v. Chr. an der Macht.

Nachdem sie gestorben war, ließ Thutmosis III. ihren Namen von ihrem Totentempel entfernen, weil nichts mehr zurückbleiben sollte, was ihn an sie erinnerte.

Häuser für die Götter

Tempel waren Häuser für die Götter – sie wurden errichtet, um den Statuen der Götter Schutz zu bieten und ihren Geist zu beherbergen. Außerdem dienten sie als Grabmal toter Pharaonen und waren der stolze und selbstbewusste Beweis für Ägyptens Reichtum, Macht und Handwerkskunst. Die Ägypter nannten sie »Häuser für die Ewigkeit«.

▲ Eine Allee von Widdersphinxen bewacht den Weg zum großen Tempel des Sonnengottes Amun in Karnak. Für die Ägypter waren diese Fabelwesen die »lebendige« Verkörperung des Amun und Symbol seiner großen Macht.

EIN HEILIGER ORT

Tempel wurden für einen ganz bestimmten, magischen Zweck gebaut – die alten Ägypter wollten eine steinerne Nachbildung der »Insel der Schöpfung« schaffen. Der ägyptischen Mythologie zufolge war diese Insel das erste feste Land, das sich zu Anbeginn der Welt aus dem Meer erhob. Und genau wie diese wundersame Insel erhoben die Tempel sich hoch über ihre Umgebung – im Allgemeinen war das die flache, trockene Wüste. Jeder Tempel war von einer Mauer aus Lehmziegeln umgeben. Diese Mauern verzierte man mit wellenförmigen

Dieser riesige Pylon (Toranlage) stand am Eingang zum Großen Hof des Amun-Tempels in Karnak. Nur Pharaonen, Priester und Tempeldiener durften das heilige Tempelinnere betreten. ▼

Linien – sie sollten das Wasser darstellen, welches das neu erschaffene Land vor langer Zeit umgeben hatte. Außerdem trennten sie das heilige Tempelinnere von der Außenwelt.

Die Tempel erinnerten in ihrem Grundriss an ägyptische Häuser – nur in viel größerem Maßstab. Am Eingang lagen die Räume für die Besucher, während die privaten oder heiligen Räume im hinteren Teil des Gebäudes untergebracht waren. Die Besucher näherten sich dem Tempel über lange, festliche Zugangswege, bevor sie durch die Tempelmauern den äußeren, öffentlichen Tempelhof betraten. Der Zugang zu den allerheiligsten inneren Räumen wurde von einer gewaltigen Toranlage, dem Pylon, versperrt. Gewöhnliche Menschen durften dieses Tor nicht passieren.

TEMPELRITEN

Alle Gottesdienste im Tempel wurden von Priestern ausgeführt. Täglich nahmen sie komplizierte Rituale vor, begleitet von Musik, Tanz und Gesang. Die Ägypter glaubten, dass diese Zeremonien nötig waren, damit die Sonne jeden Tag aufging und die Ordnung der Welt erhalten blieb.

Bei Sonnenaufgang reinigten die Priester sich, indem sie sich im heiligen See des Tempels wuschen. Dann schritten sie in einer feierlichen Prozession durch die inneren Hallen, verbrannten Weihrauch, um dessen süß duftendes Aroma zu verbreiten, und verspritzten Wasser, um alle unheiligen Elemente zu verjagen. Schließlich betraten sie den »Naos«, den allerheiligsten Raum des Tempels. Hier »lebte« der Geist der jeweiligen Gottheit in einer wunderschönen, Ehrfurcht gebietenden Statue, geschützt von einem Schrein, der mit Edelsteinen verziert war. Jeden Abend verschlossen die Priester die Türen des Schreins und versiegelten sie mit einem Stück Lehm, sodass die Götterstatue »schlafen« konnte.

Am nächsten Morgen näherten die Priester sich dem Schrein mit ehrfürchtig gesenktem Kopf und sagten dabei: »Ich bin rein.« Dann brachen sie das Siegel auf der Tür des Schreins auf und öffneten ihn, um die Statue zu »wecken«. Anschließend wuschen sie die Statue mit heiligem Wasser und kleideten sie in wunderschöne Gewänder – ganz wie Diener es mit einem Herrn aus Fleisch

▲ Reiche und mächtige Ägypter wie der Priester Petiese (siehe S. 20) ließen sich in unmittelbarer Nähe ihrer Grabkammern Kapellen mit Statuen errichten, die ihr eigenes »Ka« (ihre Lebenskraft) verkörperten.

und Blut taten. Im Verlauf des Tages stellten die Priester Speisen und Getränke vor der Statue ab, damit der darin lebende Geist etwas zu essen hatte.

Auch Frauen konnten Priester werden, vor allem in den Tempeln, die mächtigen Göttinnen geweiht waren. Außerdem tanzten sie bei den Tempelritualen und sangen Hymnen zu Ehren der Götter.

Tempel, Abgaben und Steuern

Tempel gehörten zu den größten und schönsten Bauwerken in ganz Ägypten. Sie wurden von Pharaonen oder hohen Beamten in Auftrag gegeben, von (zwangsweise) eingezogenen Arbeitern erbaut und von Priestern und Schreibern geleitet. Diese Tempel wurden mit Steuergeldern errichtet und von den Abgaben der Bauern unterhalten, die auf den Ländereien des Tempels lebten und arbeiteten.

Diener des Königs

Nach dem Gesetz war jeder Ägypter ein Diener des Königs und musste für ihn arbeiten und ihm Steuern zahlen. Wenn das Ackerland nach der alljährlichen Nilüberschwemmung noch zu feucht war, um es zu bebauen, trieben königliche Beamte die Männer – und gelegentlich auch die Frauen – zusammen, führten sie aus ihren Dörfern fort und zwangen sie zur Arbeit an einem der riesigen königlichen Bauprojekte, einem Tempel, einer Pyramide oder einer Bewässerungsanlage. Für diese Fronarbeit bekamen sie Nahrung und eine Unterkunft, aber keinen Lohn.

Jeder, der wegzulaufen oder sich vor dieser Arbeit zu verstecken versuchte, wurde von den örtlichen Beamten bestraft. Wenn dies ein zweites Mal vorkam, schickte man denjenigen nach Süden in die Goldminen von Nubien (Sudan). Dort waren die Arbeitsbedingungen so schlecht, dass ein Großteil der Minenarbeiter starb.

Reiche Leute bezahlten eine Menge Geld, um dieser Fronarbeit zu entkommen – eine Möglichkeit, die den Armen natürlich nicht offen stand.

Die königlichen Steuern wurden von Regierungsbeamten festgelegt. Sie besuchten die Bauernhöfe, um die Felder zu taxieren und das Vieh zu zählen. Im Allgemeinen waren die Steuern zur Erntezeit fällig – und sie mussten bezahlt werden, selbst wenn es eine Missernte gegeben hatte und dem Bauern nichts blieb, um seine Familie zu ernähren.

Bezahlung in Naturalien

Weil die Ägypter bis 500 v. Chr. keine Münzen benutzten, zahlten sie ihre Steuern in »Naturalien«: Sie übergaben den Steuereintreibern Dinge, die sie selbst produziert hatten, wie z. B. Getreide, Vieh, Gänse, Honig und Leinenstoff. Wer zu spät zahlte oder sich weigerte zu zahlen, wurde zur Strafe verprügelt. Die Eintreiber reisten daher fast immer mit Sklaven durchs Land, die lange Stöcke oder Holzknüppel mit sich führten.

Ein Priester verbrennt Weihrauch ▶ zu Ehren einer goldenen Götterstatue. Die Ägypter importierten Weihrauch und andere süß duftende Harze (klebrige Baumsäfte) aus dem Land Punt (wahrscheinlich das heutige Eritrea).

▲ Ein Steuereintreiber zählt Gänse. Jedes zweite Jahr besuchten königliche Beamte die Bauernhöfe, um ihre Aufzeichnungen zu überprüfen und auszurechnen, wie viel Steuern bezahlt werden mussten.

TEMPELABGABEN

Neben den Steuern und den Fronarbeiten für den Pharao mussten die meisten Familien ihrem Grundherrn eine Art von Miete zahlen, eine Abgabe. Das lag daran, dass diese Menschen zumeist »meret« (unfrei) waren. Sie gehörten mächtigen Landbesitzern – reichen Familien oder Tempeln – und mussten diesen einen Teil der Erzeugnisse abgeben, die sie das Jahr über auf ihrem Land produziert hatten. Jedes Jahr brachten sie ihre Abgaben zu den Kornspeichern und Lagerräumen der großen Landgüter. Dort wurde alles, was sie anlieferten, von den Schreibern – die übrigens selbst von den Abgaben befreit waren – genau aufgeschrieben.

Die ägyptischen Priester behaupteten, sie hätten ein Anrecht auf diese Produkte, weil sie in den Tempeln stellvertretend für alle Ägypter beteten und den Göttern opferten. Das führte dazu, dass sie viel besser genährt waren als das einfache Volk.

Als der griechische Geschichtsschreiber Herodot um 500 v. Chr. Ägypten besuchte und diese Bräuche miterlebte, schrieb er: »Die Priester müssen weder für ihre eigene Nahrung sorgen noch für irgendetwas bezahlen. Jeden Tag bekommen sie frisches Brot, gebacken aus dem Korn des Tempels, und reichlich Rindfleisch und gebratene Gans.«

ALLES ÜBER ÄGYPTEN

- DER TEMPEL VON KARNAK IST DAS GRÖSSTE RELIGIÖSE BAUWERK DER WELT. ER HAT EINE FLÄCHE VON 81 HEKTAR UND SEINE FERTIGSTELLUNG DAUERTE 500 JAHRE.
- DER TEMPEL BEHERBERGT DEN GRÖSSTEN HEILIGEN SEE IN GANZ ÄGYPTEN (13 500 QUADRATMETER). DIE STATUEN DER GÖTTER WURDEN AUF GOLDENEN BARKEN ÜBER DIESEN SEE GESEGELT.

Schreiber erstellen Listen der Produkte, die als Abgaben an den Tempel »gezahlt« werden müssen. Priester und Schreiber waren von Steuern und Abgaben befreit, da sie keine Feldfrüchte anbauten oder Vieh züchteten. Stattdessen übernahmen sie wichtige Aufgaben für den Pharao und das Volk. ▼

Mord im Tempel

▲ Karem und Ibi, die Enkel des Regierungsbeamten Petiese. Sie wurden in eine mächtige Familie hineingeboren und von eifersüchtigen Priestern getötet.

Voller Angst um ihr Leben fliehen Karem und Ibi vor den Priestern, die sie mit schweren Holzknüppeln durch den Innenhof des Tempels jagen. ▼

Um 700 v. Chr. schwebte Ägypten in großer Gefahr. Im Süden griffen die Nubier an und aus dem Norden rückten die Syrer vor. Die Pharaonen zogen mit ihren Armeen aus, um die Eindringlinge zurückzuschlagen, und überließen den Priestern die Regierungsaufgaben wie das Eintreiben der Steuern und die Rechtsprechung. Die mächtigsten der Priester dienten Amun, dem widderköpfigen Reichsgott. Während die Pharaonen gegen die Feinde kämpften, übernahmen die Priester die Kontrolle über das Land und die Menschen.

664 v. Chr. kam ein neuer Pharao an die Macht, Psammetich I. Die ersten Jahre seiner Regierungszeit verbrachte er damit, die ausländischen Eindringlinge aus dem Land zu vertreiben. Doch dann musste er sich mit einem anderen Problem auseinander setzen: Die Amun-Priester waren zu mächtig geworden. Aber Psammetich wagte nicht sie zu verärgern – er hatte Angst, das ägyptische Reich würde zerfallen, wenn die Priester sich zum Aufstand entschlossen.

Diese schwierige Lage führte dazu, dass einer von Psammetichs höchsten Beamten eine schreckliche Entscheidung zwischen Liebe und Pflicht fällen musste. Der Name dieses Mannes war Petiese. Die tragische Geschichte seiner Familie wurde von Schreibern aufgezeichnet, sodass wir sie heute noch lesen können.

Petiese war zum Priester ausgebildet worden, doch im Laufe der Zeit hatte sich zwischen dem Pharao und ihm eine enge Freundschaft entwickelt. Er sorgte dafür, dass alle Provinzen Ägyptens den Befehlen des Pharaos gehorchten, und versuchte zu verhindern, dass die Macht der Tempelpriester immer größer wurde. Petiese lebte in der reichen Stadt Teudjoi (heute el-Hiba), zusammen mit seiner Tochter Nitemhe, seinem Schwiegersohn Horudji und ihren beiden jungen Söhnen Karem und Ibi.

Petiese war ein reicher Mann. Der Pharao hatte ihm das

▲ Entsetzt und geschockt bricht Nitemhe zusammen, als ihr eigener Vater Petiese entscheidet, die Männer freizulassen, die ihre Söhne getötet haben.

Recht gewährt, ein Fünftel aller Steuern zu behalten, die im Tempel seiner Stadt bezahlt wurden. Das war zwanzig Mal mehr, als jeder andere Priester bekam. Jahr für Jahr erhielten Petiese und seine Familie riesige Mengen von Weizen, Gerste und anderen Nahrungsmitteln. Ein wenig davon aßen sie selbst, doch den Rest tauschten sie für bequeme Möbel, feine Kleidung und andere wertvolle Dinge ein. Außerdem bezahlte Petiese dafür, dass eine prächtige Statue von ihm im Allerheiligsten des Tempels aufgestellt wurde. All das machte ihn bei den anderen Tempelpriestern unbeliebt. Außerdem hassten sie Horudji, der dumm, gierig und faul war. Doch Petieses Familie war zu mächtig, als dass die Priester etwas gegen sie hätten unternehmen können.

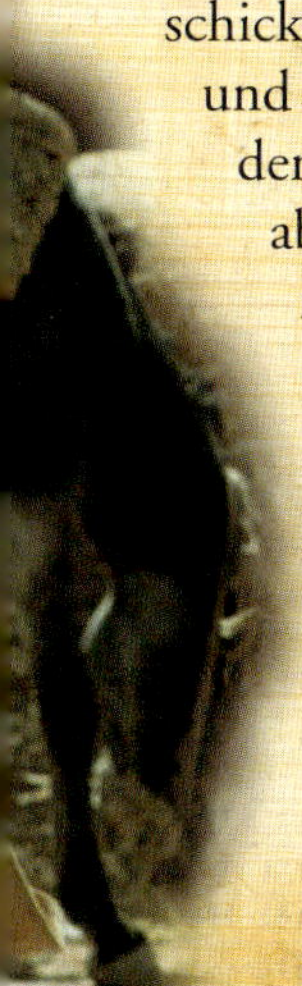

Eines Tages zur Erntezeit waren Petiese und Horudji beide nicht zu Hause. Also schickte Nitemhe, Petieses Tochter, Karem und Ibi in den Tempel, damit sie dort den Familienanteil an den Weizenabgaben eintrieben. Als sie bemerkten, dass die beiden Jungen ganz allein waren, sahen drei junge Priester eine Möglichkeit, sich an Petiese zu rächen: Sie griffen die Jungen an und töteten sie.

Als Nitemhe die schreckliche Nachricht erfuhr, geriet sie außer sich vor Schmerz – und Angst. Würden die Priester nun auch sie töten? Sie verbarrikadierte sich in ihrem Haus, bis Petiese zurückkam. Mit Unterstützung der örtlichen Polizei fand er die Mörder und brachte sie vor Gericht. Die drei gestanden ihre Schuld und erwarteten ihr Todesurteil.

Doch dann tat Petiese etwas völlig Unerwartetes – er ließ die Priester frei! Nitemhe war völlig verstört; sie konnte nicht begreifen, wieso ihr Vater die drei Männer nicht bestrafte, die ihre Söhne umgebracht hatten. Sogar die Tempelpriester und die Polizisten waren überrascht. Aber je mehr sie darüber nachdachten, desto klarer wurde ihnen, dass Petiese eine weise Entscheidung getroffen hatte. Hätte er die drei mörderischen Priester umgebracht, wären die beiden Jungen auch nicht wieder lebendig geworden – aber es hätte zu einem grausamen Krieg zwischen Priestern und Beamten wie Petiese kommen können, die im Namen des Pharaos das Land regierten. Wenn sich daran auch die Einwohner beteiligt hätten, wären der Frieden und der Wohlstand der Stadt zerstört worden und weiteres Blutvergießen wäre die Folge gewesen. Petieses weise Entscheidung verhinderte jeden weiteren Konflikt.

▲ Petiese denkt lange und gründlich darüber nach, ob er die Priester bestrafen soll, die seine Enkel getötet haben. Seine schwere Entscheidung erhielt den Frieden zwischen dem Pharao und den Priestern.

Kniend erwarten die jungen Priester, die Karem und Ibi getötet haben, Petieses Urteilsspruch. Im alten Ägypten wurde Mord üblicherweise mit dem Tode bestraft. ▼

Götter und Göttinnen

Die Männer und Frauen in Ägypten glaubten, dass die Götter und Göttinnen in jedem Moment ihres Lebens über sie wachten – von ihrer Geburt an bis zu ihrem Tod. Sie waren davon überzeugt, dass die Götter sogar die Macht über die Welt der Toten (das Jenseits) hatten und dass nichts vor ihnen verborgen blieb. Die Götter wurden von den Ägyptern respektiert, gefürchtet – und geliebt.

Amun war ursprünglich der Ortsgott von Theben. Seine Popularität breitete sich jedoch in ganz Ägypten aus, bis ihn das Volk schließlich mit einem anderen großen Gott verband – Re, dem Sonnengott. Als Amun-Re wurde er zum mächtigsten aller Götter Ägyptens. ▼

▲ Ägyptische Frauen beteten zu Taweret, der Nilpferdgöttin, damit diese bei der Geburt ihrer Kinder über sie wachte. Taweret wurde üblicherweise wie eine Schwangere mit einem dicken, runden Bauch dargestellt.

Reichsgötter

Die alten Ägypter beteten drei Arten von Göttern und Göttinnen an. Die mächtigsten aller Götter waren die Reichsgötter oder Nationalgötter wie zum Beispiel der große Osiris – »er, der nie vergeht«. Osiris war der Herr des Lebens, des Wachstums und der Fruchtbarkeit; er wachte über die Nilüberschwemmung und herrschte über das Jenseits. Die Ägypter stellten ihn häufig ganz in Mumienbinden eingewickelt dar, weil er den Toten bei der Wiedergeburt half. Der Legende nach war Osiris von seinem Bruder Seth, dem Gott des Chaos und der Dunkelheit, getötet und danach in Stücke zerteilt worden. Doch die Göttin Isis, die Schwester und Gemahlin des Osiris', fand die Stücke und setzte sie mit Hilfe von Anubis, dem schakalköpfigen Gott der Einbalsamierung, wieder zusammen. Dann erweckte sie Osiris mit einem Zauberspruch zu neuem Leben.

Lokale Götter

Neben den Reichsgöttern hatte jede Region Ägyptens ihre eigenen lokalen Götter oder Ortsgötter. Diese Gottheiten standen in enger Verbindung mit ihrer Umgebung. So wurde der Krokodilgott Sobek vor allem im Faijum verehrt: In dieser Sumpflandschaft in Oberägypten lauerten viele gefährliche Krokodile, die jeden umbringen oder schwer verletzen konnten, der ihnen zu nahe kam.

Manche Orte wurden berühmt als zentrale Kultstätten für bestimmte

Götter. So beschützte Hathor, die kuhköpfige Göttin der Musik und der Liebe, das Land der Toten am Westufer des Nils. Sie wurde vor allem in den Städten Theben und Dendera verehrt, wo die Einwohner ihr zu Ehren prächtige Tempel errichteten. Auf dem Papyrus auf der gegenüberliegenden Seite sieht man Hathors Kopf, der hinter der Göttin Taweret durch das hohe Schilf am Nilufer späht.

HAUSGÖTTER

Ägyptische Familien beteten außerdem jeden Tag zu wohlgesinnten Hausgöttern wie etwa Bes, der im Allgemeinen als Halbgott in Zwergengestalt mit einer Löwenmähne und herausgestreckter Zunge dargestellt wurde. Die Ägypter stellten sich seine Statue in ihre Häuser oder trugen kleine Bes-Amulette als Glücksbringer. Die Frauen beteten zu Taweret, der Göttin der Geburt, und zur Froschgöttin Heket. Die Männer opferten den Schutzgöttern ihres Berufsstands, wie zum Beispiel Onuris, dem Gott der Krieger und Jäger. Außerdem beteten sie zur Schlangengöttin Meresger, damit diese sie beim Bau der großen Grabmäler vor gefährlichen Schlangen schützte.

TAG UND NACHT

Nut war die Göttin des nächtlichen Sternenhimmels. Die Ägypter stellten sie als schöne Frau dar, die sich über die Erde beugt. Der Sage nach verschluckte sie jeden Abend die untergehende Sonne (auf dem Bild rechts erkennt man die Sonne und ihre Strahlen zwischen Nuts ausgebreiteten Armen) und brachte sie am nächsten Morgen wieder zur Welt, wodurch Licht und Leben auf die Erde zurückkehrten.

◀ Die Göttin Isis, »die große Zauberin«, wurde von den Pharaonen als Mutter verehrt. Diese Statue zeigt sie mit ihrem Sohn Horus auf den Knien, der in Menschengestalt abgebildet ist.

LEBEN UND TOD

Die Ägypter glaubten, dass jede ihrer Handlungen eine religiöse Bedeutung hatte und entsprechend bewertet werden würde. Die Götter und Göttinnen kannten schreckliche Strafen für jene Menschen, die sie verärgerten oder die Weltordnung durcheinander brachten – sie schlugen sie zum Beispiel mit Blindheit. Viele Gottheiten wurden mit einem »Anch« dargestellt, einem Kreuz mit schlaufenförmigem Oberteil, dem Symbol des Lebens. Dies sollte die Ägypter daran erinnern, dass die Götter Leben schenkten, doch auch ebenso gut den Tod bringen konnten. Auf dem Papyrus auf der gegenüberliegenden Seite hält die Göttin Taweret ein solches Anch in der Hand.

Einige Gottheiten verfügten über vielfältige Kräfte: So wurde Nut, die Göttin des Himmels, auch bei Beerdigungen angerufen. Die Ägypter malten ihr Bild auf die Innenseiten von Sargdeckeln und beteten zu ihr: »Oh du, Mutter Nut, breite deine Schwingen aus über mir und erhebe mich unter die unvergänglichen Sterne, auf dass ich niemals sterbe.«

Der meist als Falke, ▶ manchmal als Mensch mit Falkenkopf dargestellte Horus war der Gott des Himmels. Sein Name bedeutet übersetzt »im Horizont«.

FESTTAGE UND OPFERGABEN

Auch wenn die einfachen Ägypter die Tempel nicht betreten durften, erhielten sie an Festtagen die Gelegenheit, den Göttern nahe zu sein. Dann wurden die heiligen Statuen der Gottheiten auf den Schultern durch die Felder getragen oder auf einem Schiff über den Nil gerudert, damit sie das Land Ägypten und seine Menschen segnen konnten.

ALLES ÜBER ÄGYPTEN

- GEMALTE ODER AUS STEIN GEHAUENE OHREN AUF DEN AUSSENMAUERN DER TEMPEL ERMÖGLICHTEN ES DEM EINFACHEN VOLK, ZU DEN GÖTTERN ZU BETEN, OHNE DEN TEMPEL ZU BETRETEN.
- PILGERINNEN, DIE DEN NIL HINABSEGELTEN, UM DAS FEST DER GÖTTIN BASTET ZU FEIERN, BETRANKEN SICH DABEI, SANGEN, TANZTEN UND ENTBLÖSSTEN SICH VOR DEN BEWOHNERN DER DÖRFER AM UFER!

PRUNKVOLLE FESTE

Abhängig von der Jahreszeit, fanden jeden Monat zwischen fünf und zehn Götterfeste statt. Das bedeutendste war das Opet-Fest, das im zweiten Monat der Nilüberschwemmung (August/September) zu Ehren des höchsten Reichsgottes Amun-Re, seiner Frau Mut und deren Sohn Chons veranstaltet wurde. Elf Tage lang ruhte überall im Land die Arbeit und viele Familien feierten Amun-Re mit Einladungen und Festen.

Jedes Götterfest war eine prunkvolle Angelegenheit. Die Statue des Gottes oder der Göttin wurde in eine mit Blättern, Zweigen oder Blüten verzierte heilige Barke gestellt. Zwar blieb das Gesicht der Statue verschleiert, um es vor nicht geweihten Augen zu schützen, aber die Zuschauer konnten zumindest einen Blick auf den kraftvollen Rumpf und die zarten Glieder aus bemaltem Ton, geschnitztem Holz oder glattem Stein werfen. Die Ägypter glaubten, dass ihre Götter entweder wie perfekte Menschenwesen aussähen oder wie wilde Tiere und Vögel – wunderschön und kraftvoll, aber zugleich auch immer gefährlich.

◄ In vielen ägyptischen Häusern gab es bemalte Tonstatuen des Gottes Bes, dem Beschützer der Frauen und Kinder. Häufig standen diese Statuen dort, wo die Frauen tagsüber arbeiteten, wie etwa in Innenhöfen.

Priester trugen die Statue umher und fächelten ihr wie einem Pharao mit Palmblättern oder Straußenfedern Luft zu. Sie parfümierten die Luft um sie herum mit duftendem Weihrauch und setzten sie von Zeit zu Zeit an Kiosken (kleinen Tempeln) ab, um Gebete zu sprechen und Opfer darzubringen.

Bei manchen Festen durften gewöhnliche Männer und Frauen sich der Statue nähern und sie bitten in die Zukunft zu schauen oder ein schwieriges Problem für sie zu lösen.

FESTESSEN

Doch die Götterfeste boten den Menschen nicht nur die Möglichkeit, ihren Göttern nahe zu kommen und sie um Hilfe zu bitten, sie waren auch noch aus einem anderen Grund von Bedeutung: An Festtagen verteilten die Tempelpriester großzügig Speisen und Getränke an die einfachen Leute. Die Ägypter versuchten ihre Götter wohlgesinnt zu stimmen, indem sie ihnen besonders gute Gaben zukommen ließen: frische Blumen, Getreide, Gemüse, Honig, Gewürze, Kuchen und Bier. Die Priester stellten einiges davon vor die Füße der Götterstatuen und bewahrten das Übrige in den Lagerräumen des Tempels auf, um es an Festtagen unter das Volk zu verteilen.

Solche Götterfeste waren für die Armen oft die einzige Gelegenheit, Fleisch zu essen – ein Lebensmittel, das sie sich normalerweise nicht leisten konnten. Außerdem wurden die Feiernden angehalten, möglichst viel Alkohol zu trinken, denn Trunkenheit galt als Ehrenbezeugung an die Götter …

RELIGIÖSE SCHAUSPIELE

Bei manchen Götterfesten spielten die Priesterinnen und Priester vor einer großen Zuschauermenge ägyptische Mythen aus dem Leben der Götter und Göttinnen nach. Diese Aufführungen waren zum Teil Unterhaltung, zum Teil Gottesdienst und sie erfreuten sich beim einfachen Volk größter Beliebtheit.

LIEBLINGSGÖTTER

Viele wohlhabende Ägypter unternahmen gerne Pilgerfahrten und besuchten die Götterfeste in den Städten, in denen ihre Lieblingsgötter verehrt wurden. Zu solchen Anlässen kauften sie besondere Opfergaben wie Mumien kleiner Vögel oder Tiere und legten sie in den Tempeln oder Schreinen der Gottheiten nieder.

◄ Anhänger der Katzengöttin Bastet hinterließen tausende von mumifizierten Katzen als Opfergabe in ihrem Tempel in Bubastis (Nordägypten).

Die Ägypter glaubten, dass die beliebte Schlangengöttin Renenutet, die »Nährschlange«, ihre Kornspeicher vor Mäusen und anderen Plagen schützte. Sie brachten ihr Opfer dar und bauten ihr »Gemächer« aus Blättern, Schilf und Getreide, in denen Renenutet sich verbergen konnte. ▼

Ewiges Leben

Die alten Ägypter glaubten, dass jeder eine einzigartige Lebenskraft besaß, das so genannte »Ka«. Das Ka entstand im Augenblick der Geburt eines Menschen und konnte auch nach dessen Tod weiterleben, so lange gut für es gesorgt wurde. Einbalsamierer bewahrten den Leichnam vor der Verwesung, indem sie ihn in eine Mumie verwandelten. So hatte das Ka eine Heimat, in der es weiterexistieren konnte.

Mumifizierung

Die »Mumienmacher« oder Einbalsamierer kannten eine Reihe von Maßnahmen, mit denen sie verhindern konnten, dass ein Leichnam verfiel. Zunächst wuschen sie die Leiche, dann entfernten sie die inneren Organe, die ansonsten im heißen Klima Ägyptens schnell verwest wären. Dazu machten sie einen etwa 10 cm langen Schnitt über der linken Hüfte, durch den sie der Leiche Lunge, Leber, Magen und Gedärme entnahmen. Die Eingeweide wurden in Natron gelegt – ein konservierendes, entwässerndes Salz – und in vier Kanopengefäßen aufbewahrt, die man später zusammen mit der Mumie begrub. Kein Teil des Körpers durfte weggeworfen werden – die Ägypter hatten Angst, dass Zauberer diese Gliedmaßen oder Eingeweide für ihre bösen Zaubersprüche benützen könnten.

Als Nächstes ließen die Einbalsamierer alles Blut aus dem Leichnam ablaufen. Anschließend entfernten sie das Gehirn, indem sie einen kleinen Metallhaken durch den dünnen Knochen an der Rückseite der Nase trieben und die Gehirnmasse mit dem Haken durch die Nasenlöcher hinauszogen. Das Herz blieb im Körper, weil die Ägypter glaubten, dass es im Jenseits zum Denken benötigt würde.

Danach entwässerten und trockneten die Einbalsamierer das übrige Fleisch und die Knochen – dieser Prozess war langwierig und kostspielig und dauerte bis zu 70 Tage. Besonders reiche Leute zahlten einen Aufpreis, um ihren Leichnam nach dem Austrocknen mit kostbaren Gewürzen und Kräutern umhüllen zu lassen: Sie hofften, dass dies ihr Leben im Jenseits verlängern würde.

▲ Einbalsamierer waschen ein frisch entnommenes Organ, bevor sie es in Natron einlegen. Auch der leere Leichnam wurde mit Natron gefüllt und ganz mit Natron bedeckt, bis er vollständig ausgetrocknet war.

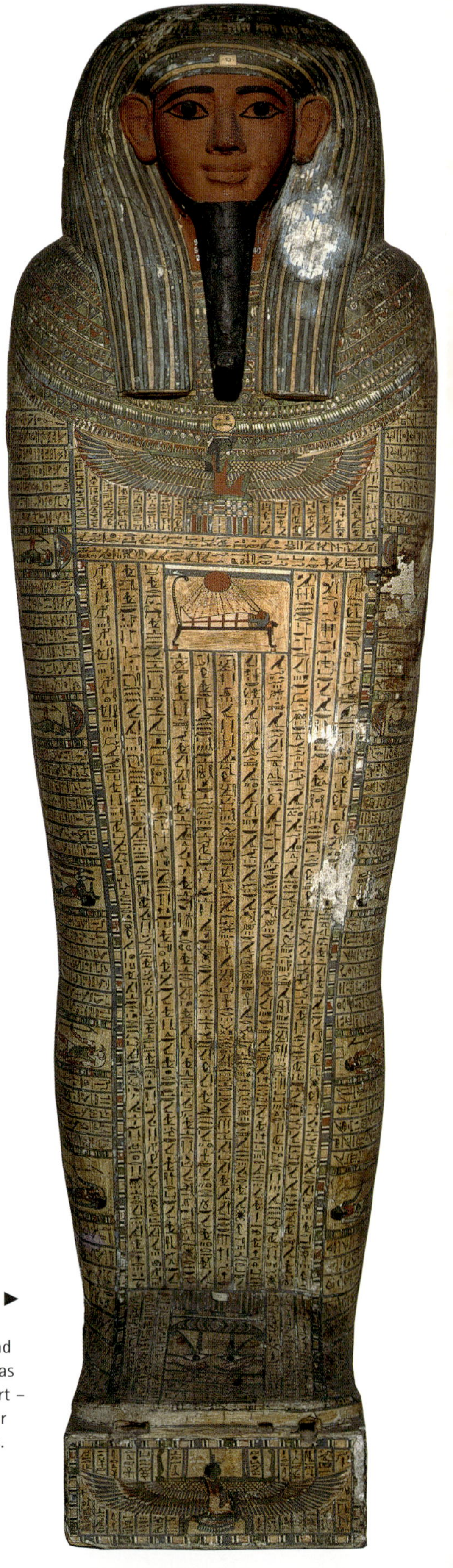

Mumien wurden in Särge gelegt, die dem Körper ▶ nachgebildet waren und als Heimstatt für das Ka dienten. Diese Särge waren mit rituellen Versen und Zaubersprüchen verziert. Häufig schmückte man das Gesicht auf dem Sarg auch mit einem falschen Bart – Symbol des Gottes Osiris, der von den Toten wieder auferstanden war, und Sinnbild des ewigen Lebens.

EIN MAGISCHER REISEFÜHRER

Viele Mumien wurden zusammen mit einem »Totenbuch« bestattet. Dabei handelte es sich um eine Sammlung von Zaubersprüchen, die mit Bildern von Göttern und Fabelwesen verziert wurde. Solche Totenbücher sollten dem Ka des Toten helfen im Jenseits zu überleben. Sie enthielten sozusagen einen Reiseführer für die gefährliche Fahrt, die das Ka zu überstehen hatte, bevor es endlich den »schönen Westen« erreichte, einen paradiesischen Platz im Totenreich. Außerdem lehrten sie die Toten, wie sie die übernatürlichen Wesen anzusprechen hatten, die ihnen auf der Reise begegneten.

Die mumifizierten ▶ Eingeweide eines Toten wurden in Kanopengefäße gelegt und neben der Mumie bestattet. Für jedes Organ gab es ein bestimmtes Gefäß: Schakalköpfige Kanopen (oben) beschützten den Magen, während falkenköpfige Kanopen (rechts) als Beschützer der Gedärme gedacht waren.

IN FORM BRINGEN

Wenn der Körper völlig ausgetrocknet war, formten die Einbalsamierer ihn so, dass er wieder wie zu Lebzeiten aussah: Dazu umwickelten sie die einzelnen Gliedmaßen mit harzgetränkten Leinenbinden. Der Ausdruck »Mumie« kommt vom arabischen Wort »mumiya« für Bitumen (eine Art dunkler, klebriger Teer). Um das ausgedörrte Fleisch wieder lebendiger wirken zu lassen, stopften die Einbalsamierer den Leichnam mit Stoffstücken aus. Außerdem füllten sie auch die Augenhöhlen mit Stoff und vernähten die Augenlider – weil die für das Austrocknen des Körpers verwendeten Salze die Augäpfel zersetzten.

Anschließend wurde die Mumie mit Harz bestrichen und das Gesicht mit Make-up »verschönert«. Zum Schluss umwickelten die Einbalsamierer den Leichnam mit hunderten Metern von Leinenbinden, wobei sie zwischen jede Bindenschicht magische Amulette oder Talismane platzierten, die den Körper im Jenseits beschützen sollten.

HAUS DER SCHÖNHEIT

Mumien wurden in einem eigenen Balsamierungshaus vorbereitet, das man das »Haus der Schönheit« nannte. Dieser Name meinte wohl eher den Zweck des Gebäudes – die Vorbereitung eines Leichnams für das ewige Leben – als sein Aussehen oder die Gerüche, die aus dem Inneren kamen. In Wahrheit muss dieses Haus voller Fliegen und Blutspritzer gewesen sein und nach verwestem Fleisch gerochen haben!

Dieser ägyptische Mann wurde ▶ vor etwa 5000 Jahren auf natürliche Weise mumifiziert. Seine Familie beerdigte ihn in einer Schlafhaltung, umgab ihn mit seinen wichtigsten Besitztümern und der heiße, trockene Wüstenboden konservierte seinen Leichnam.

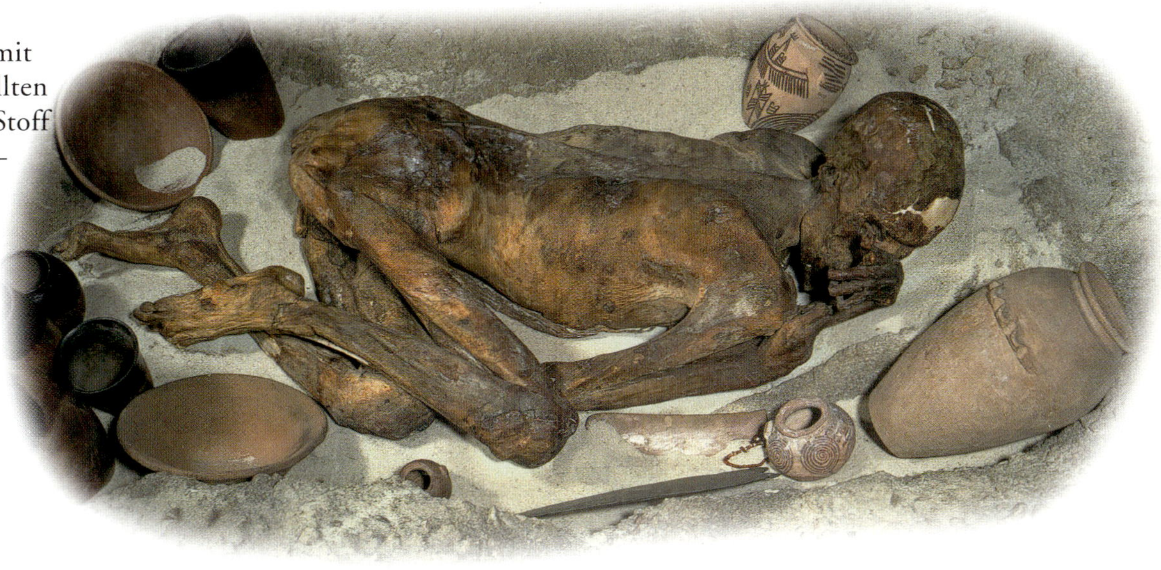

TOTEN-RITUALE

In Ägypten sollte eine Bestattung dem Ka des Verstorbenen helfen seinen Weg aus dieser Welt ins Jenseits zu finden. Doch dabei galt es, bestimmte Regeln genau zu beachten: Freunde und Verwandte mussten die passenden Gebete sprechen, die richtigen Rituale durchführen und am Grab des Toten die passenden Opfer darbringen.

EIN GROSSER TAG

Die prächtigsten Bestattungen waren natürlich den Pharaonen und den Reichen und Mächtigen vorbehalten, aber auch heiligen Tieren, die die Ägypter in Tempeln oder Schreinen angebetet hatten. Die Beerdigungen der Armen fielen wesentlich schlichter aus, aber auch sie wurden mit den gleichen Ritualen und Gebeten ins Grab gebracht.
Die Bestattung eines Königs war eine besonders prunkvolle Angelegenheit, deren Organsiation mehrere Monate benötigte.

Wenn die Mumie des toten Pharaos für die Bestattung bereit war, wurde sie in einen geschmückten Sarg gelegt. Diesen Sarg lud man dann auf einen hölzernen Schlitten, der häufig die Form eines Bootes hatte. Die Ägypter glaubten nämlich, dass die Pharaonen auf »Sonnenbarken« (himmlischen Booten) durch das Jenseits reisten und genau wie die Sonne oder der Mond über den Himmel segelten. Eine Gruppe starker Männer zog den Schlitten, während Scharen von Klageweibern weinend und schreiend den Zug begleiteten und sich dabei die Haare rauften oder die Kleidung zerrissen.

Während sich die Prozession der Grabkammer näherte, sprachen die Priester ihre Gebete, verbrannten Weihrauch und gossen Milch auf den Boden, als Opfer für die Götter. Dann erfolgte der wichtigste Teil der Zeremonie, die rituelle »Mundöffnung«, die dafür sorgen sollte, dass das Ka des Toten in dessen mumifizierten Körper zurückkehren konnte, sodass es auch im Jenseits eine Heimat hatte.

◄ Kästen mit Uschebtis (kleinen Figuren aus Holz oder Ton) standen in vielen Gräbern. Die Ägypter glaubten, dass die Toten auch im Jenseits arbeiten müssten. Doch da Pharaonen und andere mächtige Personen viel zu bedeutend waren, um Handarbeit zu leisten, gab man ihnen Uschebtis mit, die alle anfallenden Arbeiten für sie erledigen sollten.

▲ Die rituelle »Mundöffnung«. Dazu wurde die Mumie aufrecht hingestellt; dann berührten nahe Verwandte oder ein Priester mit magischen Gegenständen, so genannten »Dechseln«, die Augen, Ohren und den Mund. Damit war das Ka »befreit« und konnte wieder hören, sehen und sprechen.

DIE GRABLEGUNG

Nach der Mundöffnung legte man den Sarg in das Grab, zusammen mit vielen magischen Amuletten und all den Dingen, die der Pharao im Jenseits brauchen würde – Nahrung, Kleidung, Schmuck, Möbel und Musikinstrumente.

Zum Schluss versiegelten die Priester das Grab mit einer schweren Holz- oder Steinplatte, die die Tür darstellen sollte, die von der Welt der Lebenden in die Welt der Toten führte. Die alten Ägypter glaubten, dass das Ka eines Menschen durch diese Tür hindurchgehen konnte; also legten sie in unmittelbarer Nähe des Sargs Speisen und Getränke nieder und stellten eine Statue auf, die den Pharao zeigte, wie er zu Lebzeiten ausgesehen hatte.

Die Mumie eines heiligen Tiers – eines Apis-Stiers – wird in einer feierlichen Prozession über die Sphinx-Allee getragen, die von der lebhaften Stadt Memphis in die Nekropolis (Totenstadt) Sakkara führte. Dort legte man den Stier in einen gewaltigen Sarkophag (Steinsarg) und begrub ihn tief unter der Erde.

Die Zwillinge

▲ Die traurige Geschichte von Taous und Tages ist uns durch ihre eigenen Briefe überliefert.

Im Jahre 164 v. Chr., als ihre Geschichte begann, waren die Zwillinge Taous und Tages etwa 15 Jahre alt. Sie lebten in einem schönen Haus in der Stadt Memphis, zusammen mit ihren Eltern, ihrer Schwester und ihrem Stiefbruder. Ihr Vater Argynoutis war ein hoch geachteter Mann, aber schon alt und ein wenig schwerfällig. Ihre Mutter Nephoris dagegen war jung, schön – und sehr ehrgeizig.

Zu jener Zeit herrschten griechische Könige über Ägypten und griechische Worte, Ideen und Bauten galten als besonders schick. Außerdem hatten die Könige griechische Truppen nach Ägypten geholt, um mit ihrer Hilfe das Land zu regieren. Nephoris verliebte sich in einen griechischen Soldaten namens Philippos und zusammen entwickelten sie den Plan,

▲ Besessen von dem Wunsch, die Mutter der Zwillinge – und das Geld ihres Vaters – für sich zu gewinnen, schlägt der griechische Söldner Philippos mit dem Schwert zu.

Argynoutis umzubringen und all sein Geld zu stehlen – inklusive des Anteils, den die Zwillinge zu ihrer Hochzeit erhalten sollten.

Eines Nachts griff Philippos Argynoutis mit dem Schwert an und versuchte ihn anschließend zu ertränken (Argynoutis überlebte schwer verletzt, starb jedoch kurz danach an seinen Wunden). Am Tag darauf warfen Nephoris und Philippos die Zwillinge aus dem Haus der Familie.

Obdachlos, verwaist und ohne Geld – die Zwillinge schwebten nun in großer Gefahr. Wo sollten sie schlafen? Wie sollten sie sich ernähren? Wie sollten sie überleben? In ihrer Verzweiflung machten sie sich auf den Weg in die heilige Stadt

Die Zwillinge führten einen Trauerzug durch die Straßen. Die Klageweiber trugen triste blaue und graue Gewänder, um ihre Trauer zu zeigen, und hatten stumpfes, ungekämmtes Haar. Ihre Gesichter waren mit weißer Asche beschmiert und die Augen hatten sie mit Kajal geschwärzt. ▼

Sakkara, die etwa 5 km von Memphis entfernt am Rande der Wüste lag. Dort lebte ein treuer Freund ihres Vaters – vielleicht konnte er ihnen helfen!

In Sakkara fanden die Zwillinge zu ihrer großen Erleichterung Ptolemäus, den Freund ihres Vaters. Er arbeitete als Traumdeuter in einem der Tempel. Alle Ägypter glaubten nämlich, dass Träume sehr wichtig seien – sie konnten Krankheiten kurieren oder eine Botschaft der Götter übermitteln. Ptolemäus begrüßte die beiden freundlich, doch er konnte nur wenig für sie tun: Er hatte kaum Geld – und er war kein freier Mann. Als Tempeldiener musste er für den Rest seines Lebens innerhalb der Grenzen des Tempels arbeiten. Zwar bekam er Nahrung und eine Unterkunft, doch er durfte den Tempel nie verlassen.

Es schien, als ob den Zwillingen nur zwei Möglichkeiten blieben: Entweder konnten sie selbst als Tempeldienerinnen arbeiten oder Tempelprostituierte werden. Beide Aussichten waren gleich schrecklich. Doch dann hörte Ptolemäus die große Neuigkeit: Der Apis-Stier war gestorben! Die Ägypter glaubten, der Apis-Stier sei der Gott Ptah in Tiergestalt – und wenn dieser Stier starb, herrschte im ganzen Land 70 Tage lang Trauer. Der Körper des Stiers wurde mumifiziert wie ein Pharao und danach in einer feierlichen Prozession zu Grabe getragen. Ptolemäus erklärte Taous und Tages, es wäre Sitte, dass bei dieser Beerdigung Zwillinge gebraucht würden, die die Göttinnen Isis und Nephthys darstellten. Anschließend würden sie im Tempelgrab des Apis-Stiers dienen.

Die Zwillinge wurden angenommen! Aber es war eine sehr anstrengende Arbeit, ständig klagen und weinen und Trauerzüge anführen zu müssen. Andererseits erhielten sie einen guten Lohn und großzügige Sonderzahlungen. Die Schwestern planten zusammenzubleiben und für eine glücklichere Zukunft zu sparen – doch noch einmal wurden sie vom Schicksal grausam enttäuscht.

Als ihre Mutter Nephoris ihnen ihren Stiefbruder zu Besuch schickte, stahl dieser ihnen alle Ersparnisse. Das Letzte, was wir von den Zwillingen wissen, erfahren wir aus einem Brief an König Ptolemäus IV. Darin bitten die Schwestern den Pharao ihnen dabei zu helfen, ihr gestohlenes Eigentum zurückzufordern. Aus einem späteren Brief erfahren wir, dass Tages vier Jahre später noch am Leben war – doch der Briefschreiber war »krank vor Sorge« um sie. Nach dieser letzten Erwähnung verschwinden die Zwillinge für immer im Dunkel der Geschichte.

▲ Die Zwillinge werden als Verkörperung der Göttinnen Isis und Nephthys auf einer Sänfte durch die Straßen getragen. Sie sind Teil der großen Begräbnisprozession für die Mumie des Apis-Stiers (siehe S. 29), die in einem feierlichen Zug zu ihrem Grab getragen und dort in einem gewaltigen, aus einem einzigen Steinblock gehauenen Sarg bestattet wird.

◀ Der Apis-Stier war das heiligste Tier in ganz Ägypten. Er wurde als lebendes Abbild des mächtigen Gottes Ptah verehrt.

Gräber in der Wüste

Die alten Ägypter liebten das Leben. Wie viele Funde aus der damaligen Zeit zeigen, genossen sie gute Speisen und Getränke, Musik, Tanz, Spiel, Sport und hofften auf eine glückliche Ehe und viele Kinder. Doch sie wussten auch, dass ihr Leben jederzeit zu Ende sein konnte – durch einen Unfall, durch den Krieg oder eine Seuche. Daher bereiteten sie sich sorgfältig auf das Leben nach dem Tod vor – auf das Jenseits.

Alles über Ägypten

- DIE GRÖSSTE PYRAMIDE IST DIE CHEOPS-PYRAMIDE IN GISEH. SIE IST 147 METER HOCH UND HAT EINE GRUNDFLÄCHE VON 53 000 M².
- DIE CHEOPS-PYRAMIDE BESTEHT AUS 2 300 000 STEINBLÖCKEN VON ETWA JE 2,5 TONNEN GEWICHT.
- DAS WORT »PYRAMIDE« WAR URSPRÜNGLICH DIE BEZEICHNUNG FÜR EINEN KLEINEN, HÜGELFÖRMIGEN KUCHEN, DER ALS OPFERGABE IN DEN TEMPEL GELEGT WURDE.

Im Jenseits

In den Augen der Ägypter war der Tod nur eine Unterbrechung ihrer im Jenseits fortgesetzten Existenz. Sie glaubten, dass diese »nächste Welt« der Welt der Lebenden sehr ähnlich sei – nur etwas besser. Im Jenseits würden die Männer und Frauen all das brauchen, was sie auch schon als lebendige Menschen gebraucht hatten: ein Dach über dem Kopf, Kleidung und Nahrung. Also bauten die alten Ägypter Grabstätten, um dafür zu sorgen, dass sie auch im Jenseits nicht obdachlos wären, und füllten sie mit schönen und nützlichen Dingen wie Kleidung, Speisen, Möbeln, Musikinstrumenten und Spielen. Häufig wurden diese Gegenstände mit heiligen oder magischen Symbolen verziert: Die Ägypter hofften, dass dies der verstorbenen Person die Wiedergeburt erleichtern würde, sodass sie ihre wiederhergestellte Existenz im Jenseits genießen könnte.

Ein Haus für die Ewigkeit

Die Größe und Ausstattung der Grabstätten war so unterschiedlich wie die Häuser, in denen die Menschen im Lauf ihres Lebens gewohnt hatten. Arme Leute konnten sich nur schlichte Gräber leisten – einfache Hütten aus Lehmziegeln auf öffentlichen Friedhöfen. Diese Friedhöfe wurden in der Nähe von Städten und Dörfern errichtet, lagen aber auf der gegenüberliegenden Seite des Nils in der Wüste. Dort konservierte der heiße Sandboden die Leichname. Die Friedhöfe nannte man mit einem griechischen Wort »Nekropolis« – Stadt der Toten.

Die allerärmsten Familien, die sich noch nicht einmal ein Grab in einer Nekropolis leisten konnten, begruben ihre Toten im Hof oder unter dem Fußboden ihrer Häuser – damit war dafür gesorgt, dass der Leichnam geschützt lag und sein Geist eine Heimstatt hatte.

▲ Ausgebildete Maler und Künstler verzierten die Wände der in den Fels gehauenen Gräber mit Bildern, die die Reise des Toten ins Jenseits darstellen.

Die Pyramiden von Giseh entstanden von 2589–2503 v. Chr. als Gräber für drei Pharaonen. Ursprünglich waren sie mit feinem weißen Tura-Kalkstein verkleidet und besaßen eine leuchtend goldene Spitze. ▶

◀ Eine kleine Pyramide markiert den Eingang zu einem Felsgrab in der Nähe des Tals der Könige. Das berühmteste der bisher in diesem Tal gefundenen 62 Königsgräber ist das des Pharaos Tutanchamun, der 1327 v. Chr. beigesetzt wurde.

DIE ERSTEN PYRAMIDEN

In völligem Gegensatz dazu ließen die ägyptischen Pharaonen, hohe Regierungsbeamte und reiche Familien einige der großartigsten Grabstätten errichten, die die Welt je gesehen hatte – und die größten und eindrucksvollsten dieser Grabdenkmäler waren die Pyramiden (erbaut ab 2686 v. Chr.). Ihre außergewöhnliche Form hatte sich im Laufe von Jahrhunderten aus den »Mastabas« entwickelt – kastenförmigen Grabbauten aus Lehmziegeln mit einem breiten Fundament und sich nach oben verjüngenden Seitenwänden. Die ersten Mastabas waren nur so hoch wie ein einstöckiges Haus, aber die reichen Familien ließen immer höhere Mastabas errichten und schufen so die ersten Stufenpyramiden.

DAS TAL DER KÖNIGE

Nach 1550 v. Chr. kamen andere Gräberformen in Mode. Die Pharaonen und andere hohe Würdenträger errichteten von nun an Grabmäler, die an kleine Tempel erinnerten, oder sie ließen sich in Grabkammern beisetzen, die tief in das Felsgestein steiler Berghänge geschlagen waren. In besonders geeigneten Bergtälern wie dem späteren Tal der Könige oder dem Tal der Königinnen, die beide in der Nähe von Theben lagen, fanden hunderte von Beerdigungen statt. Für diese Gräber waren so viele Arbeitskräfte nötig, dass man in der Nähe ein ganz neues Dorf namens Deir el-Medina errichtete. Dort lebten die Familien der Maurer, Zimmerleute, Steinmetze, Maler und anderer Handwerker, welche am Bau der prachtvollen Felsgräber beteiligt waren.

Grabschätze

Die Pharaonen und andere hochrangige Ägypter lebten ein Leben im Luxus und wohnten in prächtigen Palästen, umgeben von großartigen Gärten. Ihre Kleidung war aus feinstem Leinen und sie trugen Schmuck, der mit Türkisen und tiefblauem Lapislazuli besetzt war. Daher überrascht es nicht, dass auch ihre Gräber mit Schätzen gefüllt waren, die sie ins Jenseits mitnehmen wollten.

▲ Aus wertvollem Material hergestellte Gegenstände für den täglichen Gebrauch (hier ein Fächerhalter aus Gold und Email aus dem Grab Tutanchamuns) wurden zusammen mit den mumifizierten Pharaonen beerdigt, damit diese sie im Jenseits benutzen konnten.

Ganz in Gold

Einige der wertvollsten Schmuckstücke bedeckten die Körper der Toten. Auf dem Gesicht lag eine juwelenbesetzte Totenmaske, die dem Verstorbenen ähnelte und dafür sorgen sollte, dass man ihn auch im Jenseits erkannte. Der empfindliche mumifizierte Körper wurde von einem Sarg geschützt, der ganz mit Blattgold umhüllt war. Der Rest der Grabkammer war gefüllt mit teuren Möbelstücken, süß duftendem Weihrauch und Parfüm, Glas und Waffen sowie Schmuck- und Kleidungsstücken, die der wieder auferstandene Pharao im Jenseits tragen konnte.

Ein verlockendes Ziel

All diese Schätze machten Grabstätten zu beliebten Zielen von Grabräubern. Die ägyptischen Priester warnten davor, dass solche Diebe von den Göttern verflucht und bestraft würden. Die Erbauer der Grabmäler versuchten mit schweren Türen aus Stein und Holz ein Öffnen der Gräber zu verhindern. Und viele einfache Leute glaubten sogar, dass die Schlangengöttin Meresger zwischen den Gräbern im Tal der Könige umhergleiten und jeden Eindringling mit ihrem Gift töten würde. Doch ungeachtet aller Warnungen wurden fast alle großen Gräber schon kurz nach ihrer Fertigstellung geplündert.

Unschätzbare Informationen

Für uns sind die in den Gräbern gefundenen Grabbeigaben aus anderen Gründen sehr wertvoll: Sie verraten uns eine Menge darüber, wie die alten Ägypter gelebt haben und woran sie glaubten. Die modernen Archäologen verfluchen die Grabräuber von früher und heute, weil sie unschätzbare Informationen zerstören!

Im schönen Westen

Die Ägypter hofften, dass ihr Ka (ihre Lebenskraft) nach dem Tod eine glückliche und friedfertige neue Heimat »im schönen Westen« finden würde. Ein ertragreicher Bauernhof, eine schönes Haus mit Garten, genug Wasser und eine glückliche Familie – so sah nach den Vorstellungen der Ägypter der Himmel aus und daher bemalten sie die Wände ihrer Grabstätten mit Bildern, auf denen ihre angenehme Zukunft im schönen Westen dargestellt war. Diese Bilder dienten auch einem magischen Zweck – sie sollten dabei mithelfen, die Art von Leben nach dem Tod zu schaffen, auf das sich die Ägypter freuten.

Diese goldene Tafel aus dem Grab des Pharao Tutanchamun zeigt, wie ihm seine Frau, Königin Anchesenamun, mit kostbarem Parfüm die Brust einreibt. Das Königspaar trägt juwelenbesetzten Halsschmuck und Kleidung aus feinem Leinenstoff. ▶

Grabräuber

▲ Amenpanufer ließ sich zu seinen Verbrechen hinreißen, weil seine Familie arm und hungrig war.

In aller Eile heben die Grabräuber den goldenen Sarg einer königlichen Mumie aus ihrem Sarkophag (Steinsarg). ▼

Von 1504 v. Chr. bis 1069 v. Chr. wurden die toten Pharaonen in Gräbern bestattet, die tief in die Felswände des Tals der Könige gehauen worden waren. Die Eingänge zu diesen Grabstätten verschloss man mit gewaltigen Felsbrocken oder riesigen Steinplatten. Die eigentlichen Grabkammern waren durch Geheimtüren, gewundene Gänge, Sackgassen und Fallgruben gesichert. Gebete, Amulette und Flüche boten magischen Schutz, und Wächter aus Nubien, die so genannten Medjai, patrouillierten durch das Tal.

Trotz all dieser Vorsichtsmaßnahmen wurden fast alle Königsgräber ausgeplündert – und das, obwohl die meisten Ägypter Grabraub für ein ganz besonders schreckliches Verbrechen hielten. Sie waren davon überzeugt, dass die Entweihung einer Königsmumie und die Zerstörung des Grabs dazu führte, dass das Leben des Pharaos unter den Göttern im Jenseits endete und dass Chaos und Verwüstung über Ägypten und seine Bewohner hereinbrechen würden. Warum also wurden dennoch so viele Gräber ausgeraubt?

Erhalten gebliebene Dokumente aus dem Jahre 1116 v. Chr., die über die Gerichtsverhandlung eines Mannes namens Amenpanufer berichten, bieten eine Erklärung dafür, warum – und auf welche Art – die ägyptischen Grabräuber ihre Verbrechen begingen. Amenpanufer war ein armer Mann, der als Tagelöhner in den Steinbrüchen außerhalb von Theben arbeitete, einer Stadt in der Nähe des Tals der Könige. Die Arbeit war schwer und schlecht bezahlt, aber Amenpanufer musste eine Frau und vier Kinder ernähren. Manchmal hatte er nicht einmal genug Geld, um für sie etwas zu essen zu kaufen.

Damals lebten viele arme Leute in Theben. Seit die Pharaonen um 1300 v. Chr. ihre Residenz aus Theben verlegt hatten, war es mit der Stadt bergab gegangen; zudem hatten jahrelange Missernten zu einer Wirtschaftskrise geführt. Die Straßen und Häuser Thebens waren schmutzig, laut, über-

▲ Im Großen Tempel von Karnak warten Beamte auf den Beginn von Amenpanufers Gerichtsverhandlung.

füllt und in sehr schlechtem Zustand. Die städtischen Beamten waren korrupt und sahen für ein Bestechungsgeld über fast jedes Verbrechen hinweg. Es gab genug Kaufleute und reiche Bürger in der Stadt, die bereit waren gestohlene Schätze zu kaufen und keine Fragen zu stellen, wenn nur der Kaufpreis stimmte!

Amenpanufer schloss sich einer Bande von acht anderen Grabräubern an. Dazu gehörten ein Steinmetz, zwei Zimmerleute und ein Tagelöhner vom Bau – alles äußerst nützliche Fähigkeiten für Grabräuber – sowie ein Bootsführer, der die Bande über den Nil rudern konnte. In seiner Aussage vor Gericht beschreibt Amenpanufer, wie die Männer sich ihren Weg in die Gräber bahnten: Sie benutzten Werkzeuge aus Holz oder Kupfer oder entzündeten ein Feuer an der Steinplatte am Eingang des Grabes und überschütteten diese anschließend mit Wasser. Der plötzliche Temperaturwechsel sorgte dafür, dass der Stein Risse bekam oder in Stücke brach.

Sobald die Räuber das Innere einer Grabstätte erreicht hatten, zündeten sie Kerzen an und sahen sich gründlich um. Dann sammelten sie so schnell wie möglich alle kleinen Gegenstände ein, die sie finden und wegtragen konnten. Sie zerschlugen die Sarkophage und steckten die hölzernen Särge der Mumien in Brand, um das Gold zu schmelzen, mit dem diese verkleidet waren. Sie wickelten sogar die Mumien aus ihren Leinenbinden, um die Amulette zu stehlen, die zwischen den Binden lagen!

Amenpanufer war bereits einmal wegen Grabräuberei verhaftet worden, doch damals hatte er sich durch Bestechung freikaufen können. Aber 1116 v. Chr. fanden die Stadtväter von Theben heraus, dass ganze Banden von erfahrenen Grabarbeitern und Malern, die tagsüber im Tal der Könige arbeiteten, in den Nächten die Gräber ausraubten. Also trieben sie alle Verdächtigen zusammen, darunter auch Amenpanufer.

Dieses Mal gab es kein Entkommen. Die Gerichtsverhandlung wurde vom Wesir geleitet, dem höchsten Justizbeamten des Pharaos. Er entschied, dass Amenpanufer schuldig sei, genau wie alle anderen Mitglieder seiner Bande. Alle neun wurden zum Tode verurteilt – und um das Strafmaß der Schwere ihres Verbrechens anzugleichen, sagte man ihnen, dass ihre Körper nie bestattet werden würden, sodass sie keine Chance hatten, jemals das Jenseits zu erreichen.

▲ Als Amenpanufer verhaftet wird, klammert sich seine Frau weinend an ihn. Sie weiß, dass sie ihn wahrscheinlich nie wieder sehen wird.

Nachdem man ihn im Gefängnis geschlagen und gefoltert hat, verrät Amenpanufer dem Wesir, wie viele Leute in Theben an der Grabräuberei beteiligt sind. Doch auch dieses Geständnis kann sein Leben nicht retten. ▼

Recht und Gesetz

Ein Verbrechen zu begehen war im alten Ägypten sehr gefährlich. Verbrecher riskierten ihr Heim, ihre Arbeit, ihre Familien und ihr Leben. Doch was noch schlimmer war: Auf sie wartete ein Strafgericht im Jenseits. Außerdem glaubten die alten Ägypter, dass die Handlungen einer Person – ob gut oder schlecht – die Ordnung der gesamten Welt beeinflussen würden.

Dokumente wurden häufig mit einem Siegel in Form eines Skarabäus beglaubigt. Auf der Unterseite des Siegels waren Hieroglyphen mit dem Namen des Schreibers oder seines Dienstherrn eingeritzt; der Schreiber gab etwas Tinte darüber und presste den Stempel dann ◀ auf das Dokument.

◀ Notare (in Rechtsgeschäften ausgebildete Schreiber) fand man in allen großen Städten. Wer in einen Rechtsstreit verwickelt war – etwa wegen finanzieller oder Erbschaftsfragen –, der konnte bei ihnen juristischen Rat bekommen.

Das Jüngste Gericht

Für Recht und Ordnung im gesamten Universum war die Göttin Ma'at zuständig (auf dem Bild auf Seite 39 unten ist sie auf der Spitze der Waage abgebildet). Ma'at wachte über die Jahreszeiten und die Bewegungen der Sterne am Himmel und sie gab den Menschen auch ihre Verhaltensregeln vor. Wer diese Regeln nicht beachtete, der wurde in diesem Leben vom Gesetz oder durch eine Naturkatastrophe bestraft. Die alten Ägypter glaubten außerdem, dass ihnen in einem solchen Fall ein schreckliches Schicksal im Jenseits bevorstand: Dort richtete Ma'at über ihre Handlungen, indem sie jedes Herz gegen eine Feder abwog – das Symbol der Wahrheit. Wenn ein Mensch diesen Test nicht bestand, verschlang ein schreckliches Monster namens Ammit – teils Krokodil, teils Löwe und teils Nilpferd – dieses Herz und der Mensch hörte auf zu existieren.

Wesire und Schreiber

Der Pharao war Hohepriester der Göttin Ma'at und hatte damit die Pflicht, über Recht und Ordnung zu wachen. Er übertrug diese Verantwortung meistens an den Wesir, seinen leitenden Minister. Der Wesir fungierte bei den wichtigsten Gerichtsverfahren als Richter und hatte außerdem dafür zu sorgen, dass überall im Land gerechte Urteile gesprochen wurden. Schreiber, die für den Wesir arbeiteten, hielten schriftlich die Urteile der Gerichtshöfe und die Strafen für die verurteilten Straftäter fest. Diese Sammlungen wurden als Grundlage für spätere Urteile im Büro des Wesirs aufbewahrt.

VOR GERICHT

Im alten Ägypten gab es zwei Arten von Gerichten: Vor die Großen Gerichtshöfe kamen Menschen, die man schwerer Verbrechen wie Mord, Raubüberfall oder Grabraub beschuldigte. Solche Verhandlungen wurden von bedeutenden Richtern geleitet. Die lokalen Gerichte beschäftigten sich mit den weniger schweren Fällen wie Diebstahl oder Grundstücksstreitigkeiten. Es gab keine Geschworenen und auch keine Rechtsanwälte: Eine Gruppe von Richtern hörte sich die Argumente des Anklägers und des Angeklagten an und sprach daraufhin das Urteil. Ihr Wort war Gesetz!

▲ Die Hände dieses Gefangenen sind mit hölzernen Fesseln hinter dem Rücken fixiert. Manchmal steckten die Gefängniswärter einen Stock zwischen die Fesseln und drehten sie – das führte zu schrecklichen Schmerzen und sogar zu Knochenbrüchen!

SCHRECKLICHE STRAFEN

Menschen, die man eines Verbrechens beschuldigte, wurden ins Gefängnis gesteckt, bis ihr Fall vor Gericht kam. Häufig wandten die Richter Foltermethoden an, um Informationen von Verdächtigen zu erhalten – sogar die Familien der Verdächtigen konnten gefoltert werden. Die Strafen für verurteilte Verbrecher fielen ebenfalls äußerst grausam aus: Sie wurden mit Stöcken geschlagen oder bekamen mit rot glühendem Eisen ein Brandzeichen aufgedrückt, das ihre Haut vernarbte und sie für immer als Verbrecher erkennbar machte.

Die Verurteilten konnten aber auch in Arbeitslager geschickt werden, wo man sie zwang bis zur völligen Erschöpfung Holz zu sägen oder Steine abzubauen. Oder sie wurden nach Nubien oder in eine einsame Oase mitten in der Wüste verbannt, sodass sie ihre Familie und Freunde nie wieder sahen.

Als Strafe für die schwersten Verbrechen hackte man den Straftätern häufig eine Hand, die Nase oder die Ohren ab. Diese Verstümmelungen waren nicht nur schrecklich schmerzhaft, sie führten auch oft zu lebensgefährlichen Entzündungen. Im Falle eines Mordes konnten die Richter den Pharao bitten die Todesstrafe zu verhängen. Die zum Tode Verurteilten wurden dann entweder geköpft, ertränkt oder verbrannt. Die alten Ägypter fürchteten sich in doppelter Hinsicht vor diesen schrecklichen Strafen: Sie glaubten, dass sie nicht ins Jenseits kämen, wenn ihre Körper während der Hinrichtung schwer entstellt wurden oder man ihnen ein richtiges Begräbnis versagte.

Anubis (auf Knien) wiegt das Herz eines toten Mannes gegen »die Feder der Wahrheit«. Die Göttin Ma'at schaut von der Spitze der Waage aus zu, während Thot, der vogelköpfige Schreiber aller Götter, das Ergebnis notiert. ▼

Die Städte

Die Städte Ägyptens waren groß und prächtig, mit riesigen Königspalästen, eindrucksvollen Regierungsgebäuden, wunderschönen Tempeln, geschäftigen Gerichten, Schulen, Werkstätten und Märkten, und geschützt von gewaltigen Stadtmauern. Doch das Leben in der Stadt hatte auch eine andere, weniger glanzvolle Seite: Da es weder eine Kanalisation noch eine Müllabfuhr gab, waren die Städte zugleich auch schmutzig, übel riechend und voller Ratten und Fliegenschwärme.

▲ Bauarbeiter bei der Arbeit. Die meisten ägyptischen Häuser – von den Palästen bis hin zu den Hütten der Arbeiter – wurden aus Lehmziegeln errichtet. Dazu mischte man Lehm mit Wasser und geschnittenem Stroh, goss diese Masse in hölzerne Formen und ließ sie in der heißen Sonne stehen, bis sie getrocknet und hart geworden war.

Zeugen antiker Städte

Das alte Ägypten hatte zwei Hauptstädte – zuerst Memphis (in der Nähe des heutigen Kairo) und später Theben (in der Nähe des heutigen Luxor). Daneben gab es noch eine Reihe kleinerer Städte und Orte, über die wir nur wenig wissen, weil ihre Überreste unter moderneren Siedlungen begraben liegen. Um 1350 v. Chr. befahl der Pharao Echnaton den Bau einer neuen Hauptstadt. Diese Stadt sollte Achetaton heißen und bei Tell el-Amarna entstehen, etwa in der Mitte zwischen Memphis und Theben. Schon kurz nach Echnatons Tod 1336 v. Chr. verfiel Achetaton wieder zur Geisterstadt, aber die Überreste sind bis zum heutigen Tag erhalten und vermitteln uns ein Bild davon, wie das Leben in der Stadt im alten Ägypten gewesen sein muss.

Achetaton war speziell für den Pharao entworfen worden – also können wir an dieser Stadt erkennen, wie Echnaton und seine Architekten sich die ideale Stadt vorstellten. Es gab eigene Stadtviertel für die Königsfamilie, die Beamten, die Kunsthandwerker und die einfachen Arbeiter. Im Zentrum der Stadt stand ein großer Tempel, der Echnatons Lieblingsgott Aton geweiht war. In unmittelbarer Nähe war eine Grabanlage mit Felsgräbern geplant, die jedoch nie fertig wurde.

Bequemlichkeit und Luxus

Die Häuser der Reichen und Mächtigen in Achetaton waren komfortabel und luxuriös ausgestattet. Das größte hatte mehr als zwanzig Zimmer, darunter großzügige Empfangsräume für bedeutende Besucher und Schlafzimmer mit eigenem Bad. Solche Villen waren durch sorgfältig gepflegte Gärten und dicke Lehmziegelmauern vor dem Lärm und der Hektik der Stadt geschützt.

Die altägyptische Stadt Theben war ▶ ursprünglich ein kleines, verschlafenes Dorf am Nil, aber nach 2181 v. Chr. errichteten einige große Pharaonen hier ihren Herrschersitz. Als Hauptstadt des Landes wurde Theben reich und mächtig und bot vom Nil aus einen imposanten Anblick.

Die Arbeiter lebten dagegen in viel kleineren Häusern. Im Normalfall stand jeder Familie ein Haus mit drei Räumen zur Verfügung (ein Wohnzimmer, ein Schlafzimmer und eine Küche), das auf einem Grundstück von nur 5 x 10 Meter errichtet war. Das Schlafzimmer wurde gleichzeitig als Lagerraum benutzt, während das Dach und die Veranda ein wenig zusätzlichen Raum zum Schlafen oder ein schattiges Plätzchen boten.

DIE STÄDTE BREITEN SICH AUS

Andere Städte wie Memphis oder Theben waren nicht so sauber und ordentlich geplant worden wie Achetaton. Da es innerhalb der Stadtmauern nur begrenzt Bauflächen gab, errichtete man die Häuser meist in Reihen nebeneinander, ohne einen Garten oder wenigstens einen Hinterhof. Viele dieser Bauten waren mehrere Stockwerke hoch. Sie besaßen kaum Fenster, sodass es in den Räumen dunkel und sehr stickig gewesen sein muss. Sowohl die Männer als auch die Frauen verbrachten möglichst viel Zeit im Freien oder arbeiteten in den Räumen ihrer Häuser, die sich zur Straße hin öffneten.

Die Stadthäuser der Reichen waren größer und manche hatten sogar einen Garten – aber jenseits der Gartenmauern dehnte sich ein Labyrinth von kleineren, ärmeren Häusern aus. Die Straßen waren dunkel, eng und schmutzig; da es keine richtige Stadtplanung gab, hatte man sie völlig willkürlich angelegt. Für Ortsfremde muss es sehr schwer gewesen sein, hier den Weg zu finden!

Viele Priester, Schreiber und andere Beamte des Hofes lebten und arbeiteten in den Städten. Diese naturgetreue Holzstatue zeigt den Priester Ka-aper, der um 2500 v. Chr. lebte. Für die Ägypter galt ein solch stämmiger, beleibter Körper als Zeichen für einen hohen Rang – und die lange Weidenrute, die Ka-aper in der Hand hält, war ein Symbol für seine Autorität. ▼

DAS LEBEN AUF DEM LAND

Die Landwirtschaft war von so großer Bedeutung, dass die Ägypter die Monate ihres Kalenders nach den landwirtschaftlichen Tätigkeiten benannten. Auch die altägyptische Vorstellung vom Paradies hatte mit dem Landleben zu tun: ein friedlicher Bauernhof »im schönen Westen«, wo es üppige Ernten gab und das Vieh kraftvoll heranwuchs, wo süße Früchte an den Bäumen hingen und die Teiche voller Fische waren.

Bei der Getreideernte. Die reifen Weizen- oder Gerstenähren wurden mit einer Sichel – einem halbkreisförmigen Messer mit scharfen Klingen aus Flintstein – von den Stängeln geschnitten, danach zu Garben zusammengebunden und zur Lagerung in die Kornspeicher gebracht. ▼

BAUERNFAMILIEN

Diese paradiesische Version vom Leben »im schönen Westen« basierte auf tatsächlichen Kenntnissen und Erfahrungen. Die meisten ägyptischen Familien verdienten sich ihren Lebensunterhalt durch Landbau und Viehzucht auf dem fruchtbaren Boden, der alljährlich vom Nil überschwemmt wurde. Die Bauern wussten, dass ihre Ernte verdorren würde, wenn diese Nilflut ausblieb – und das hätte eine Hungersnot oder sogar den Tod bedeutet. Im Laufe der Zeit fanden sie heraus, wie man das Wasser des Flusses durch Bewässerungsgräben auf die Felder leitete. Nach 1500 v. Chr. benutzten sie dazu sogar die so genannten Schadufs – Wassereimer, die an einem langen Stab befestigt waren und mit denen man das Wasser aus dem Fluss auf die Felder schöpfen konnte.

FELDFRÜCHTE UND VIEH

Das wichtigste landwirtschaftliche Erzeugnis war Getreide, hauptsächlich Weizen und Gerste. Der Getreideanbau begann im Oktober und November, nach dem Pflügen des Bodens, und geerntet wurde meist im März oder April. Wenn das Getreide noch länger auf dem Feld blieb, bestand die Gefahr, dass es in der heißen Sommersonne verbrannte.

Andere Feldfrüchte wie Zwiebeln, Erbsen, Bohnen, Rettich oder Kohl wurden in kleinen Nutzgärten angepflanzt. Diese Gärten konnten umzäunt werden, um sie vor Tieren zu schützen, und sie ließen sich leichter bewässern, wenn die Erde austrocknete.

Ein ägyptischer Bauer lenkt ▶ ein Ochsengespann, das einen Pflug durch den Erdboden zieht. Das Pflügen war Männerarbeit; die Frauen gingen hinterher und streuten Samenkörner in die frische Furche.

◄ Trauben wurden gepflückt, danach gepresst und zu Wein verarbeitet. Die Ägypter machten Wein auch aus anderen Früchten, die auf ihrem Land wuchsen, wie etwa Datteln, Feigen und Granatäpfel. Und an Festtagen und bei bestimmten Götterfeiern durfte (und musste!) man sich betrinken …

Auf ägyptischen Bauernhöfen wuchsen außerdem Sesam (für Öl) und Flachs (für Leinenstoffe) sowie Dattelpalmen und Wein. Die reifen Weintrauben wurden vorsichtig gepflückt und dann in großen Trögen zertreten. Den ausfließenden Saft füllte man zur Gärung in Fässer. Die gegorene Flüssigkeit wurde anschließend in riesigen Tonkrügen gelagert, bis sie als roter oder weißer Wein getrunken werden konnte. Manchmal gab man auch Gewürze oder Honig dazu, um den Wein besonders süß oder würzig zu machen.

Als Nutztiere hielten die alten Ägypter Enten, Gänse, Schweine, Schafe und Ziegen. In manchen Regionen, in denen es große Grasflächen gab, wie etwa im sumpfigen Nildelta im Norden, züchteten die Bauern auch Rinder, entweder als Milchvieh oder wegen des Fleischs und des Leders. Ochsen, die größten und schwersten aller Nutztiere, wurden als Zugtiere beim Pflügen eingesetzt oder vor den Karren gespannt. Für kleinere Lasten setzten die Ägypter auch Maultiere ein. Kamele dagegen, die hervorragend mit dem Wüstenklima zurechtkommen, waren bis etwa 800 v. Chr. in Ägypten unbekannt.

DIE FRÜCHTE DER ARBEIT

Obwohl die ägyptischen Bauern schwer arbeiteten, durften sie nicht alle Früchte ihrer Arbeit für sich behalten: Der Großteil des Landes gehörte den Pharaonen, reichen Adelsfamilien oder Tempeln und die meisten Bauernfamilien arbeiteten für sie. Doch auch wenn sie Abgaben bezahlen und ihre Familien ernähren mussten, blieb vielen Bauernfamilien immer noch genug übrig, um einen Teil ihrer Erzeugnisse gegen kleine Luxusgüter einzutauschen – Perlenketten, bemalte Töpferwaren, Jagdmesser aus Metall und Spielzeug.

ANGLERFREUDEN

Viele Bauern unterhielten Fischteiche, die sie als Nahrungsquelle nutzten. Andere gingen an den Nil und fischten dort mit Ködern oder Fangnetzen (wie auf dem unten abgebildeten Steinrelief). Viele arme Familien waren auf Fisch als Grundnahrungsmittel angewiesen. Geistliche wie Priester und Pharaonen dagegen durften überhaupt keinen Fisch zu sich nehmen – denn der Fisch war das Symbol des bösen Gottes Seth.

FAMILIENLEBEN

Die alten Ägypter liebten das Familienleben. Sie hofften auf eine glückliche Ehe und viele Kinder. Die Familien verbrachten den größten Teil ihrer freien Zeit zusammen – mit Bootsfahrten oder beim Schwimmen, beim Essen, Musizieren, Spielen und Geschichtenerzählen. Das Leben im Familienverband hatte auch eine praktische Seite: Mehrere Generationen verdienten sich gemeinsam ihren Lebensunterhalt und halfen sich gegenseitig, wenn die Zeiten schlecht waren.

▲ Das Hauptnahrungsmittel der Ägypter war Brot. Es wurde aus Gerste und Flachweizen (Emmer) gebacken, den wichtigsten Getreidesorten. Die Ägypter backten ihr Brot in kegelförmigen Backformen, entweder auf offenem Feuer oder in kleinen Lehmöfen.

HOCHZEIT UND EHE

Ägyptische Mädchen heirateten sehr jung, im Alter von etwa zwölf Jahren. Häufig suchten die Eltern einen Ehemann für sie aus. Die ägyptischen Jungen heirateten dagegen in der Regel im Alter von etwa 20 Jahren. Bis dahin hatten sie die wichtigsten Fähigkeiten erlernt, die sie für den Unterhalt einer Familie brauchten. Sie durften sich ihre Ehefrau meist selbst suchen.

Eine Ehe war ein privates Übereinkommen, der beide Ehepartner oder ihre Familien zustimmen mussten. Die alten Ägypter kannten keine offizielle Trauung, doch sie feierten eine solche Verbindung mit Musik, Tanz – und manchmal einem lautstarken Umzug durch die Heimatstadt oder das Dorf des Bräutigams.

◀ Ägyptische Familien, die ihr Leben lang eng und liebevoll miteinander verbunden waren, hofften darauf, dass dies auch nach dem Tod so blieb. Aus diesem Grund ließen sie kleine Familienstatuen anfertigen und stellten sie in ihre Gräber. Die Statue links zeigt Seneb, einen hohen königlichen Beamten, zusammen mit seiner Frau und seinen Kindern.

Die Familie der Braut schenkte dem jungen Paar nützliche Dinge für ihr neues Zuhause, wie etwa Bettdecken oder Nahrungsvorräte für einen ganzen Winter. Es war Tradition, dass der Bräutigam seiner Zukünftigen ein Geschenk machte: Wenn er ein reicher Mann war, konnte das ein Sklave sein, der ihr bei den Arbeiten im Haushalt half.

RECHTE UND PFLICHTEN

Vor dem Gesetz war der Mann das Haupt der Familie. Doch die Frauen durften eigenes Land besitzen, Geschäfte abschließen und Häuser kaufen. Außerdem war es ihnen erlaubt, ein Testament aufzusetzen und vor Gericht als Zeugin aufzutreten. Das Gesetz besagte, dass ein ägyptischer Mann mehr als nur eine Frau haben durfte, doch eine Frau konnte nur einen Mann heiraten und es wurde erwartet, dass sie ihm treu blieb – eheliche Untreue konnte mit dem Tode bestraft werden. Wenn eine Ehe unglücklich war, hatten beide Partner das Recht, die Scheidung zu beantragen, und die Frau konnte einen Teil des Familienbesitzes für sich beanspruchen. Doch die meisten Ehepaare blieben ein Leben lang zusammen – auch wenn dieses Leben nicht immer allzu lange währte: Nur wenige Ägypter wurden älter als vierzig.

SÄUGLINGE UND KINDER

Der wichtigste Zweck der Ehe war die Zeugung von Kindern, die den Familiennamen weiter führten. Doch die Geburt eines Kindes war mit hohen gesundheitlichen Risiken verbunden. Und auch die Kindheit war eine sehr gefährliche Zeit: Zwei von zehn Kleinkindern starben vor Erreichen des fünften Lebensjahres.

Ägyptische Kinder spielten mit einfachen Spielzeugen wie Puppen, Rasseln oder Bällen. Reiche Familien konnten es sich leisten, ihre Söhne zur Schule zu schicken, aber die meisten Jungen folgten dem Vorbild ihrer Väter und wurden Bauern, Handwerker oder Schreiber. Die Mädchen lernten, wie man den Haushalt führte und sich um die Kinder kümmerte.

Im Allgemeinen wurden Söhne mehr geschätzt als Töchter – denn nur sie konnten ihre Eltern im Alter unterstützen und durften die besonderen Bestattungszeremonien durchführen, die ihren Vorfahren das Weiterleben im Jenseits garantierten.

ALLES ÜBER ÄGYPTEN

- ÄGYPTISCHE KINDER ERHIELTEN IHRE NAMEN SCHON BEI IHRER GEBURT. WER OHNE NAMEN STARB, KONNTE IM JENSEITS NICHT WEITERLEBEN.
- ALLE KINDER WAREN KAHLKÖPFIG! BIS AUF EINEN KLEINEN ZOPF RASIERTE MAN IHNEN ALLE HAARE AB, DAMIT SIE VOR NISSEN ODER LÄUSEN GESCHÜTZT WAREN.

▲ Wer gewinnt? Das Lieblingsspiel der Ägypter hieß »Senet«. Es wurde auf einem Brett gespielt, mit Figuren aus Holz oder Ton. Die Spieler benutzten einen Würfel, um festzustellen, wie weit man ziehen durfte. Senet hatte auch eine religiöse Bedeutung: Es symbolisierte den Kampf zwischen Gut und Böse.

Ein typisches ägyptisches Wohnhaus, ▶ hier als Nachbildung in einer Schale für Nahrungsopfer. Die meisten Ägypter lebten in solchen niedrigen Häusern mit Flachdach.

Schönheitspflege

Man legte großen Wert auf seine äußere Erscheinung. Kleidung, Schmuck und Kosmetika waren sowohl für Frauen als auch für Männer sehr wichtig. Weiche, gefältelte Gewänder, eine kunstvolle Frisur, glatte, parfümierte Haut und Goldschmuck zeigten den anderen Menschen, dass sie es mit einer wohlhabenden Persönlichkeit zu tun hatten. Die Ägypter glaubten außerdem, dass Gewänder und Schmuckstücke, die mit magischen Zeichen verziert waren, den Träger beschützten.

▲ Eine Frau (Mitte) reicht ihrer Freundin parfümiertes Wachs zum Einreiben ihrer Perücke. Die Ägypter mischten Öle und Fette mit süß duftendem Pflanzenharz, um damit ihre Haut zu glätten und zu parfümieren. Zum Überdecken von Körpergerüchen benutzten sie dagegen eine seltsame Mixtur aus gebratenen Straußeneiern, Tamarisken und Schildpatt.

Schlichter Stil

Der Schnitt und Stil der ägyptischen Kleidung änderte sich im Laufe der Jahrhunderte nur wenig – die Frauen trugen eine lange, lockere Tunika und die Männer zogen einen knielangen Rock an.

Beide Kleidungsstücke waren meist aus Leinen gefertigt und üblicherweise hellbraun oder weiß – da sich das Gewebe nur sehr schwer färben ließ. Abends oder im Winter, wenn die Temperaturen fielen, legten Männer und Frauen sich Umhänge aus Wolle über die Schultern.

Schuhe kannte man noch nicht – die Menschen liefen meistens barfuß oder sie trugen flache, offene Sandalen aus Leder oder Papyrus.

Ein aus Gold, Karneol, Türkis und Lapislazuli gearbeiteter Ohrring von etwa 1500 v. Chr. ▶

Palast-Mode

Bei den reichen Frauen änderte sich im Laufe der Zeit der Modegeschmack immer wieder einmal.

Bis etwa 1650 v. Chr. waren lange, gerade geschnittene Gewänder sehr beliebt, manchmal noch ergänzt um einen netzartigen Überwurf, der häufig mit Perlen besetzt war.

Nach 1500 v. Chr. trugen die Damen dann bevorzugt weiter geschnittene, lockere Gewänder, häufig mit auffällig besetztem oder plissiertem Saum.

Kosmetik

Die Ägypter glaubten, dass Kosmetika den Menschen nicht nur attraktiver machten, sondern auch die Augen vor den Strahlen der Sonne schützten und von Fliegen übertragene Krankheiten abwehrten. Leuchtend grüner Eyeliner, der aus zerstoßenem und mit Wasser vermischtem Malachit (ein Halbedelstein) hergestellt wurde, war besonders in der Frühzeit des ägyptischen Reiches sehr in Mode. In späterer Zeit bevorzugte man glitzernden grauen Eyeliner, hergestellt aus Blei (wie auf der Statue des Tutanchamun links). Augenschminke war sowohl bei Frauen als auch bei Männern sehr beliebt. Frauen benutzten außerdem zerstoßenen Ocker (eine rote Mineralienart) – entweder als Rouge für die Wangen oder, gemischt mit Öl, als Lippenstift.

GANZ OHNE KLEIDUNG

Auf vielen ägyptischen Statuen und Gemälden sind Kinder, Diener, Tagelöhner und Sklaven nackt abgebildet – denn Kleidungsstücke wären bei harter körperlicher Arbeit oder bei Kinderspielen nur hinderlich gewesen. Doch wenn sie Kleidungsstücke trugen, achteten die Ägypter sehr darauf, dass diese auch sauber waren. Professionelle Wäscher verdienten sich ihren Lebensunterhalt damit, die Kleidung anderer Leute mit grober, salziger Seife im Nil sauber zu schrubben.

◄ Modebewusste Männer und Frauen, die häufig schwere Perücken trugen, ließen sich ihr eigenes Kopfhaar abrasieren, weil dies kühler und angenehmer war.

GROSSE PERÜCKEN

Auch die Frisuren änderten sich im Laufe der Zeit. Vor 2000 v. Chr. trugen die Ägypter ihr Haar kurz. In den darauf folgenden 500 Jahren war schulterlanges Haar in Mode, und besonders reiche Leute trugen schwere, geflochtene Perücken, geschmückt mit Edelsteinen oder Perlen. Ab 1500 v. Chr. erfreuten sich zwei unterschiedliche Perückenstile großer Beliebtheit – lockige oder geflochtene Kurzhaarperücken, die an die Haartracht der nubischen Soldaten erinnerten, oder lange, ineinander verschlungene Lockenperücken. Ein kahler Kopf oder graues Haar galten als absolut unmodern. Als Mittel gegen Haarausfall rieb man sich die eigenartigsten Mixturen in die Kopfhaut, wie etwa eine Mischung von Löwen-, Nilpferd-, Katzen- und Schlangenfett.

HANDARBEIT

Egal, in welchem Stil – jedes ägyptische Kleidungsstück wurde in mühevoller Handarbeit angefertigt und war daher sehr teuer. So konnte ein Frauengewand genauso viel kosten wie eine Ziege. Der Großteil der Leinen- und Wollstoffe wurde von Frauen gewebt, entweder in Heimarbeit oder in den überfüllten Räumen spezieller Werkstätten, die fast an eine Fabrikhalle erinnerten und die zu einem Tempel oder zum Anwesen einer Adelsfamilie gehörten. Jede dieser Arbeiterinnen hatte ein »Spezialgebiet«: Sie übernahm immer nur einen ganz bestimmten Teil der Arbeit. Wenn sie fertig war, gab sie das Kleidungsstück an die nächste Arbeiterin weiter, sodass die Kleidung wie am Fließband fertig gestellt wurde.

Reiche und mächtige Ägypter ließen sich von dafür ausgebildeten Sklaven beim Baden und Ankleiden helfen. Das einfache Volk wusch sich dagegen im Nil selbst. ▼

Fröhliche Feste

Alles über Ägypten

1962 entdeckten Archäologen Nahrungsmittel im Grab einer alten Frau in Sakkara, das etwa aus dem Jahr 2800 v. Chr. stammte. Die Speisen waren sorgfältig für eine Feier im Jenseits angerichtet und außerordentlich gut erhalten:

◆ Brot ◆ Gerste ◆ Käse ◆ Haferbrei ◆ gegrillter Fisch ◆ gebratene Tauben ◆ gegrillte Wachteln ◆ Nieren und Rindfleisch ◆ Feigen und frische Beeren ◆ Honigkuchen ◆ Wein

◄ Diese Tonkrüge wurden zum Wasserholen oder zur Lagerung von Getreide, Wein oder Honig benutzt.

Die alten Ägypter speisten gerne und gut. Es gehörte zum guten Ton, regelmäßig Freunde und Nachbarn zum Essen einzuladen, und jeder Ägypter freute sich auf besondere Festtage. Doch es galt als unfein, sich als Gast zu gierig zu zeigen. Ein Schreiber warnte: »Eine Tasse Wasser stillt den Durst … ein Mund voll Gemüse stärkt und kräftigt das Herz … doch es ist verwerflich, den Bauch nach weiterem Essen gieren zu lassen, nachdem die Mahlzeit vorüber ist.«

Eine Hauptmahlzeit

Ägyptische Familien aßen nur eine Hauptmahlzeit pro Tag, etwa um die Mittagszeit; dazu kamen ein leichtes Frühstück und ein kleiner Imbiss zum Abendessen. Die wichtigsten ägyptischen Nahrungsmittel waren Brot, Bier und Gemüse. Manchmal wurde auch in solchen »Naturalien« bezahlt: So erhielten die Arbeiter, die die Königsgräber erbauten, täglich zehn Laib Brot und zwei Krüge Bier als Lohn – doch davon mussten sie nicht nur sich, sondern auch ihre Frauen und Kinder ernähren.

Sandiges Brot

Die Ägypter backten Brot aus grob gemahlenem Weizenmehl. Zum Mahlen des Korns verwendeten sie eine große Steinplatte als Unterlieger und einen kleineren Mahlstein. Die Bäckerin – das Backen war fast immer Aufgabe der Frauen oder der Dienerschaft – vermischte das fertige Mehl mit Wasser und formte den Teig zu runden, flachen Brotlaiben, die dann im heißen Lehmofen gebacken wurden.

Das ägyptische Brot war zwar frisch gebacken sehr schmackhaft, aber es knirschte zwischen den Zähnen, weil der Wüstensand und kleine Steinstückchen von den Mahlsteinen in den Teig gerieten. Das hatte zur Folge, dass die Zähne der meisten Ägypter stark abgenutzt oder abgebrochen waren.

Trübes Bier

Bier wurde aus Gerste hergestellt und mit Datteln, Honig oder Gewürzen abgeschmeckt. Es war so dickflüssig und trübe, dass die Ägypter es durch ein Holzröhrchen mit einem Sieb am unteren Ende saugten – auf diese Weise bekamen sie keine Ablagerungen vom Brauprozess oder Insekten in den Mund, die zuvor in die Krüge gefallen waren.

Das ägyptische Bier war nicht allzu stark, aber sehr süß und nahrhaft. Viele Ägypter gaben es sogar ihren Kindern zu trinken.

Eine Dienerin beim Kornmahlen mit einer Handreibemühle. Dazu wurden die Weizenkörner auf eine größere Steinplatte geschüttet und dann mit dem Mahlstein zu grobem Mehl zerrieben. ►

▲ Unterhalterinnen bei einem Fest. Viele ägyptische Lieder forderten die Zuhörer auf sich so gut wie möglich zu amüsieren – denn das Leben war kurz!

ROHER FISCH UND KNOBLAUCH

Zu den Lieblingsgemüsen der alten Ägypter gehörten Zwiebeln, Kopfsalat, Gurken, Lauch und Knoblauch, die allesamt roh gegessen wurden. Auch frische Früchte waren sehr beliebt, vor allem Melonen, Trauben und Feigen. Die ägyptischen Bauern bauten Kichererbsen und Bohnen an und kochten sie in Tontöpfen, die sie auf ihre Öfen zum Brotbacken stellten. Viele Familien – in der Stadt wie auf dem Land – hielten Nutztiere wie Hühner oder Ziegen, die sie mit Milch, Eiern und Käse versorgten. Die jungen Männer gingen zum Jagen in die Wüste oder zum Fischen an den Nil. Wie ein griechischer Reisender beobachtete, aßen die Ägypter häufig rohen Fisch, entweder gesalzen oder in der Sonne getrocknet. (In Ägypten gab es kaum Holz, das man zum Feuermachen hätte verwenden können.) Sie fingen auch kleine Vögel, um sie roh zu essen – doch andere Fleischsorten wie Rind, Ziege oder Hammel wurden immer geschmort oder über dem offenen Feuer gegrillt.

SPEISEN ZUM FEST

Die einfachen Ägypter aßen nur sehr selten Fleisch, meist an hohen Feiertagen und bei Götterfesten. Reiche Familien konnten es sich dagegen leisten, regelmäßig Fleisch für sich und ihre Gäste auf den Tisch zu bringen. Steaks von speziell gezüchteten Rindern mit besonders zartem, fettem Fleisch gehörte ebenso zu den Hochgenüssen der Wohlhabenden wie Honigkuchen, frische Feigen, Granatäpfel, Mandeln und Rotwein.

Festliche Einladungen gehörten für Pharaonen und hohe Würdenträger zu den gesellschaftlichen Pflichten – damit belohnten sie ihre Anhänger und stellten ihre Macht und ihren Wohlstand zur Schau. Auf solchen Festen unterhielten Sänger, Tänzer, Akrobaten und Musiker die Gäste und Dienerinnen reichten ihnen Girlanden aus süß duftenden Blüten und parfümierte Salbkegel, die sie auf dem Kopf tragen konnten.

◀ Beim Bierbrauen verrührte man Gerste und Weizen in großen Tongefäßen mit Wasser und ließ die Mischung an einem warmen Ort gären. Das fertige Gebräu war leicht alkoholisch und nicht allzu lange haltbar.

Handel, Tribut und Transport

Die Pharaonen behaupteten, sie seien die »Herrscher der Welt«. Doch das stimmte nicht. Ägypten war zwar ein großes Reich, das sich zwischen 1500 und 1000 v. Chr. auch von Syrien bis in den Sudan erstreckte, aber die Ägypter wussten ganz genau, dass hinter den Grenzen ihres Landes auch andere mächtige Völker lebten. Was brachte sie also zu dieser stolzen, prahlerischen Behauptung?

▲ Nubier (aus dem heutigen Sudan) bringen Tributzahlungen nach Ägypten. Die Ägypter hatten über 1000 Jahre lang mit den Nubiern Handel getrieben, bevor sie um 1950 v. Chr. ihre Soldaten nach Nubien schickten und eine Reihe von Festungen errichteten, um die Kontrolle über die Reichtümer des Landes zu erlangen.

Reich und mächtig

Die Ägypter fühlten sich als Herrscher der Welt, weil sie reicher und mächtiger waren als alle ihre Nachbarvölker. Der Reichtum des Staates begründete sich auf den Steuern, die seine große Bevölkerung zahlte, und gleichermaßen auf dem Handel. Die gut ausgerüstete und große Armee machte Ägypten stark genug, um die eigenen Landesgrenzen vor Angriffen zu schützen, in benachbarte Länder einzufallen, dort die Macht an sich zu reißen und den eroberten Ländern Tribute in Form von wertvollen Gütern abzuverlangen.

Innenhandel und Aussenhandel

Ägyptische Familien stellten einen Großteil der lebensnotwendigen Dinge wie Nahrungsmittel und Kleidung für sich selbst her. Ihre Überschüsse aus der Landwirtschaft,

wie Fleisch, Eier und Wein, brachten sie dagegen auf die lokalen Märkte. Dort fand sämtlicher Handel nur als Tauschhandel statt – Geldmünzen wurden in Ägypten erst ab 600 v. Chr. als Zahlungsmittel verwendet. Bis dahin präsentierten die Kaufleute ihre Waren, die sie zum Verkauf anboten, und die Käufer boten ihnen andere Waren oder Gegenstände im Tausch an, bis beide Seiten mit dem Handel einverstanden waren.

◀ Lokale Kaufleute fuhren in kleinen, von Riemen oder Paddeln angetriebenen Booten über den Nil. Doch es gab auch ägyptische Händler, die große Seereisen über das Mittelmeer oder entlang der afrikanischen Ostküste unternahmen.

In den großen Städten gab es Geschäfte und Verkaufsstände, die eine viel größere Auswahl an Waren anboten, darunter auch Güter, die von Händlern aus fernen Ländern nach Ägypten gebracht worden waren. In den Ruinen antiker ägyptischer Städte haben Archäologen Scherben von Tongefäßen entdeckt, die von minoischen Arbeitern auf der Insel Kreta angefertigt wurden. Die ägyptischen Kaufleute unternahmen lange Reisen, um mit anderen Ländern sowohl in Afrika als auch rund um das Mittelmeer Handel zu treiben.

REGIERUNGSGESCHÄFTE

Die besten und vertrauenswürdigsten Händler waren als »Shwtyw« bekannt. Sie arbeiteten für die ägyptische Regierung und schlossen bedeutende internationale Geschäfte ab. Einige Herrscher wie etwa Königin Hatschepsut schickten solche königlichen Händler mit einem Sonderauftrag in das Land Punt (das heutige Eritrea), um dort seltene und wertvolle Güter einzukaufen. Sie kamen mit Gold, Elfenbein, Ebenholz, Myrrhe (ein süß duftendes Pflanzenharz, das wie Weihrauch verbrannt wurde), zahmen Äffchen und Jagdhunden zurück. Und der Hohepriester Herihor entsandte eine Handelsflotte in die syrische Hafenstadt Byblos, um dort bestes Zedernholz für seinen Palast einzukaufen, da es in Ägypten wegen des heißen, trockenen Klimas kaum Bäume für die Holzverarbeitung gab.

◀ Dorfbewohner tauschen selbst gewebte Stoffe und selbst gezüchtetes Gemüse auf dem Markt gegen Möbel, Töpferwaren, Schmuck und Metallwaren, die von ausgebildeten Handwerkern angefertigt worden waren.

SCHÄTZE UND TRIBUTE

Im Auftrag der Pharaonen überbrachten die königlichen Händler auch anderen ausländischen Herrschern Geschenke wie etwa Statuen aus echtem Gold. Diese Gaben waren als Zeichen der Freundschaft gedacht – und als Demonstration von Ägyptens Reichtum und Macht. Im Gegenzug erwarteten die Pharaonen Geschenke von ähnlichem – oder noch größerem – Wert, wie Parfüm, Elfenbein, Edelsteine oder Kunstwerke. Zusammen mit den Tributen – Sklaven, Kupfer und Leopardenfelle, die von den besiegten Völkern an die Ägypter geschickt werden mussten – machten diese Schätze Ägypten zum reichsten Land weit und breit.

▲ Pharaonen und andere bedeutende Persönlichkeiten reisten in Sänften – auf zwei Stangen befestigte, mit Schatten spendenden Vorhängen versehene Sitze, die von Sklaven getragen wurden.

Krieger und Soldaten

Die ägyptische Zivilisation war eine friedliche und keine kriegerische Kultur. Die meisten ägyptischen Herrscher interessierten sich mehr für Schätze, Tempel und Grabmäler als für militärischen Ruhm. Trotzdem unterhielten sie ab etwa 1900 v. Chr. eine große Armee, die jederzeit kampfbereit war. Einige kriegerische Könige wie Ramses II. und Thutmosis III. führten Eroberungszüge in andere Länder.

▲ Kompositbögen wurden aus mehreren Schichten Birkenholz, Stiersehnen und Ziegenhörnern angefertigt und mit Fischleim verleimt. Die Pfeile bestanden aus Schilfrohr und hatten Spitzen aus Stein oder Metall.

Pharaonen und Berufssoldaten

Die ägyptische Armee war die größte der antiken Welt. Um etwa 1250 v. Chr. umfasste sie ungefähr 100 000 Soldaten. Nach alter Tradition war der herrschende Pharao – oder sein Sohn – zugleich auch Oberbefehlshaber der Armee. Doch einige Könige waren nicht dazu in der Lage, ihre Truppen im Kampf anzuführen: Manche Pharaonen wie z. B. Tutanchamun waren dafür noch zu jung, während sich andere wie etwa Echnaton lieber mit friedvolleren Dingen beschäftigten. Solche Pharaonen verließen sich auf Berufssoldaten als Anführer ihrer Armeen. Die Offiziere stammten meist aus Familien mit einer militärischen Tradition. Die Söhne folgten ihren Vätern in die Armee und lernten von deren Erfahrungen im Kampf und auf dem Marsch.

Manche der einfachen Soldaten waren ebenfalls Berufssoldaten, doch die meisten Truppenteile setzten sich aus Wehrpflichtigen zusammen, die man zwangsweise eingezogen hatte. Den Männern und Jungen aus den Bauern-, Kaufmanns- und Handwerksfamilien wurde befohlen in die Armee einzutreten – und zwar von Regierungsschreibern, die durch die Dörfer und Städte zogen und Listen von geeigneten Rekruten mit sich führten. Wenn sich ein Mann zu verstecken versuchte, kamen bewaffnete Wachen in sein Haus und schleppten ihn fort. Für diese nicht ausgebildeten Männer war die Zeit in der Armee ein wahrer Alptraum. Die wenigsten von ihnen hatten je zuvor ihre Heimat und Familien verlassen und sie wussten nicht, ob sie jemals zurückkehren und ihre Liebsten wieder sehen würden.

◀ Die Soldaten bereiteten sich mit Nahkampfübungen auf den Krieg vor. Dabei kämpften sie mit Dolchen, Speeren und ihrer Lieblingswaffe – langstieligen Streitäxten mit geschwungenen Schneiden aus Bronze, die Haut und Knochen durchtrennen konnten.

AUF DEM MARSCH

Wenn ein Krieg erklärt worden war, machte die Armee des Pharaos sich zu Fuß zum Schlachtfeld auf. Marschierende Truppen konnten bis zu 24 km am Tag zurücklegen – doch dabei brachen viele Männer vor Durst oder Erschöpfung zusammen. In heißen Wüstengebieten brauchte jeder Soldat neun Liter Wasser pro Tag und dieses Wasser war oft nur schwer zu finden. Außerdem mussten die Männer ihre Ausrüstung tragen, die bis zu 27 kg schwer sein konnte – eine erdrückende Last für geschwächte oder verletzte Fußsoldaten.

Auf langen Märschen errichteten die Armeen in bestimmten Abständen Militärlager, die zum Schutz von einem Zaun aus hölzernen Schilden umgeben waren. Doch eine Armee auf dem Vormarsch und ihre Lager waren immer anfällig für gegnerische Angriffe. Feindliche Truppen überfielen die erhitzten, erschöpften und durstigen ägyptischen Soldaten aus dem Hinterhalt; sie vergifteten die wenigen Brunnen im Land, indem sie die verwesenden Kadaver toter Schafe ins Wasser warfen, oder sie beschossen die ägyptischen Lager mit Feuerpfeilen und steckten sie so in Brand.

REICH BELOHNT

Die Männer, welche die harte Soldatenzeit überlebten, erhielten bei ihrem Ausscheiden aus der Armee ein Stück Land und Nutztiere; manche bekamen sogar feindliche Gefangene als Sklaven. Als ehemaliger Soldat konnte man auch eine Rente in Form von Getreide einfordern. Sklaven, die in der ägyptischen Armee gedient hatten, erhielten als Belohnung ihre Freilassung.

▲ Dieses in einem Grab gefundene Modell zeigt eine Truppe von Soldaten mit Speeren und Schilden. Wenn eine Armee durch die Wüste marschierte, wirbelte sie so viel Staub auf, dass die Soldaten nichts mehr sahen und fast erstickten.

Eine ägyptische Armee auf dem Marsch. Die Offiziere trugen Rüstungen und manche fuhren auf Streitwagen, die von Pferden gezogen wurden. Alle Fußsoldaten trugen einen Speer und einen Schild. ▼

Auf dem Schlachtfeld

Die ägyptische Armee wandte zwei unterschiedliche Taktiken an, um ihre Feinde zu besiegen – Belagerungen und offene Feldschlachten. Bei einer Belagerung umzingelte sie eine feindliche Stadt und schnitt den Nachschub an Wasser und Nahrungsmitteln ab, bis die Einwohner aufgaben. Bei einer offenen Feldschlacht marschierte das Heer geradewegs auf die feindlichen Truppen zu und kämpfte Mann gegen Mann.

▲ Auf diesem bemalten Steinrelief sieht man den starken Arm von Pharao Ramses II. (Regierungszeit 1279–1213 v. Chr.), der gefangene Feinde an den Haaren festhält. Die Gefangenen stammen aus den drei Nachbarländern, in die die Ägypter eingefallen waren: Nubien (Sudan), Libyen und Syrien.

Die Infanterie

Ägyptische Fußsoldaten waren mit hölzernen Speeren und langstieligen Streitäxten bewaffnet. Die schwersten dieser Äxte konnten sogar Rüstungen durchschlagen. Außerdem benutzten die Infanteristen Dolche und Wurfhölzer, um ihre Gegner zu erstechen oder zu betäuben. Doch die tödlichste Waffe der Ägypter war der Kompositbogen: Mit ihm konnte man Pfeile bis zu 175 Meter weit genau ins Ziel bringen.

Seite an Seite

Auf dem Schlachtfeld stellten sich die feindlichen Armeen in geschlossener Formation auf: Die Soldaten standen Schulter an Schulter in engen Reihen und schützten sich mit ihren Schilden. So marschierten die Heere aufeinander zu, bis die Soldaten der ersten Reihen zusammenprallten und der Kampf begann – Mann gegen Mann, mit Dolchen, Äxten und Speeren. Wenn ein Soldat in der ersten Reihe verwundet oder getötet wurde, rückte ein anderer nach und nahm seinen Platz ein.

Die Art des Kampfes war äußerst grausam. Ein antiker ägyptischer Schriftsteller beschrieb sie mit folgenden Worten: »Der Feind rückt vor und deckt den Soldaten mit einem Hagel von Wurfgeschossen ein. Überall herrscht Chaos. Dann hört der Soldat: ›Schnell, vorwärts, tapferer Krieger! Erkämpfe dir einen großen Namen!‹ Doch er weiß nicht, was er tun soll. Sein Körper ist schwach und die Beine geben unter ihm nach.«

Im Angesicht eines solchen Angriffs gerieten die Truppen der einen oder anderen Seite schnell in Panik, brachen aus der Formation aus und liefen davon.

Alles über Ägypten

- Schon mit zehn Jahren konnten Jungen in die Armee eingezogen werden.
- Nach der Schlacht schnitten die Soldaten jedem toten feindlichen Soldaten eine Hand ab. Schreiber notierten die Anzahl der Hände.
- Priester und Einbalsamierer begleiteten die Armeen, um die Leichen der getöteten reichen Ägypter an Ort und Stelle zu mumifizieren.

Pharaonen und Elitekämpfer fuhren in schnellen, von Pferden gezogenen Streitwagen. Damit griffen sie den Feind an und schossen Pfeile auf die gegnerischen Fußsoldaten, um Panik zu verursachen. Solche Streitwagen wurden auch von den Spähern benutzt, die dem Heer vorausritten und die Lage erkundeten. ▶

◀ Fußsoldaten benutzten Schilde aus Holz oder Leder, um damit die Axthiebe ihrer Gegner abzuwehren. Die Offiziere trugen zusätzlich eine Rüstung und Helme aus Bronze – ein Luxus, den sich die einfachen Soldaten nicht leisten konnten.

Solche goldenen Fliegen waren militärische Auszeichnungen. Sie wurden für besondere ▼ Tapferkeit im Kampf verliehen.

Doch wenn sich die Soldaten auf der Suche nach einem sicheren Ort in alle Richtungen verstreuten, wurden sie von feindlichen Streitwagen niedergetrampelt oder von den Pfeilen der feindlichen Bogenschützen niedergestreckt. Die meisten Soldaten, die in einer Schlacht ums Leben kamen, starben auf der Flucht.

Und auch in den Tagen nach der Schlacht ging das Sterben weiter.

Die Ärzte der ägyptischen Armee waren Pioniere auf dem Gebiet der Behandlung von Kriegsverletzungen – sie richteten gebrochene Knochen und behandelten Fleischwunden, damit diese sich nicht entzündeten. So kauterisierten (versiegelten) sie offene Wunden mit einem glühenden Messer, um die Blutung zu stillen; außerdem benutzten sie eine Mischung aus Honig und Salz als keimtötendes Mittel und erfanden sogar eine Vorform des Heftpflasters (aus Binden und Harz), um Wunden sauber zu halten und zu schützen. Doch trotz all ihrer Bemühungen überlebte nach Schätzungen von Historikern jeder vierte verletzte Soldat die Schlacht nicht.

Die Schlacht von Megiddo

▲ Thutmosis III. Nachdem seine Stiefmutter Hatschepsut ihm über 20 Jahre lang den Thron verwehrt hat, will er sich unbedingt als König und als Krieger beweisen.

Königin Hatschepsut war eine außergewöhnliche Frau. Über 20 Jahre lang herrschte sie als Regentin im Namen ihres Stiefsohns Thutmosis III. über Ägypten und weigerte sich ihr Leben lang ihn an den Regierungsgeschäften zu beteiligen. Nach Hatschepsuts Tod im Jahr 1458 v. Chr. verlor Thutmosis keine Zeit: Er wollte es seinem kriegerischen Großvater, Pharao Thutmosis I., gleichtun, der in Nubien (dem heutigen Sudan) und Mesopotamien (dem heutigen Irak) großartige Siege errungen hatte.

Weniger als ein Jahr nach Hatschepsuts Tod ging Thutmosis III. auf seinen ersten Feldzug. Er wollte einen Aufstand in Syrien niederschlagen – dem Land, das sein Großvater vor vielen Jahren zu Tributzahlungen gezwungen hatte. Die Rebellen wurden vom Prinzen von Kadesch – einem syrischen Stadtstaat – angeführt und vom mächtigen Volk der Mitanni unterstützt, das im Norden von Syrien lebte und mit den Ägyptern verfeindet war. Die Armee der Aufständischen hatte ein Lager nahe der gut befestigten Stadt Megiddo aufgeschlagen. Von hier aus kontrollierten sie wichtige Fernhandelswege, die vom Mittelmeer nach Syrien und weiter zum Persischen Golf führten.

Sobald die Ernte eingebracht war, schickte Thutmosis Schreiber hinaus aufs Land, um die jungen Männer in die Armee einzuziehen. Den neuen Soldaten blieb

Thutmosis und seine Soldaten auf dem Vormarsch in die besiegte Stadt Megiddo. Während das Heer des Pharaos langsam näher rückt, senden ihm die syrischen Prinzen und Adligen eine Gruppe von Kindern entgegen, die zum Zeichen der Kapitulation Waffen, Schmuck und andere Schätze bei sich tragen. ▼

▲ Das war knapp! Dieser ägyptische Soldat trägt ein Glück bringendes Udjat-Amulett, das wie das Auge des Gottes Horus geformt ist und ihn vor einem plötzlichen Tod schützen soll.

keine Wahl: Nach dem Gesetz konnte der Pharao sie zum Dienst in der Armee zwingen, so lange er wollte. Viele dieser Rekruten starben in der harten Ausbildung, auf langen Märschen durch die Wüste oder in blutigen Schlachten gegen verzweifelte Feinde.

Im Frühjahr 1457 v. Chr. war die Armee kampfbereit – ein Heer von über 10 000 Mann. Die Truppen brauchten Monate, um Megiddo zu erreichen. Dort angekommen, wartete eine schwere Entscheidung auf Thutmosis: Er konnte von Norden oder Süden langsam, aber sicher vorrücken oder einen schnellen, gefährlichen Vormarschweg wählen, der geradewegs über einen schmalen Bergpass führte. Thutmosis ignorierte die Warnungen seiner erfahrenen Heeresführer und entschloss sich zum Überraschungsangriff über den Pass.

Sein Plan schien zunächst aufzugehen. Die ägyptische Armee griff das feindliche Lager an und die Soldaten schlugen und stießen mit Streitäxten und Speeren um sich. Doch als sie nicht weiter angriffen, sondern stattdessen die Leichen der getöteten Syrer ausplünderten, konnten sich die Überlebenden in die Sicherheit der stark befestigten Stadt Megiddo retten. Der Pharao tobte vor Wut. Er wusste, dass seine Chance dahin war, Megiddo mit einem einzigen schnellen Vorstoß einzunehmen. Stattdessen brauchte Thutmosis danach über sieben Monate, um die Stadt zur Kapitulation zu zwingen und seinen ersten großen Sieg zu erringen.

Wir wissen so viel über Thutmosis III., weil ein junger Schreiber namens Tjeneni die Einzelheiten seiner Feldzüge niederschrieb – und damit zum ersten Kriegsreporter der Welt wurde. Thutmosis gab den Befehl, Tjenenis Aufzeichnungen als Hieroglyphen in die Wände des großen Amun-Tempels zu meißeln. Später ließ er alle Statuen und Gemälde zerstören, die von Hatschepsut und ihrem Leben berichteten.

Heute erinnern wir uns an Thutmosis III. hauptsächlich als großen Krieger. Siebzehn Jahre lang führte er seine Armeen auf Feldzüge nach Norden und Osten und eroberte dabei mehr Land als sein berühmter Großvater. Als Thutmosis 1425 v. Chr. starb, konnten die Ägypter stolz behaupten: »Ägypten erstreckt sich so weit wie die Kreisbahn der Sonne.«

▲ Die Syrer retten sich vor dem Angriff der Ägypter, indem sie an den Seilen emporklettern, die ihnen ihre Frauen von der Krone der Stadtmauer aus zuwarfen. Der Prinz von Kadesch musste an seinen Gewändern über die Stadtmauer gezerrt werden!

Nach der ersten Attacke der Streitwagen kämpfen syrische und ägyptische Soldaten mit Streitäxten, Speeren und Schwertern gegeneinander. ▼

DER NIEDERGANG DES REICHES

▲ Alexander der Große (356–323 v. Chr.). Nachdem er Ägypten unterworfen hatte, marschierte er nach Osten und eroberte ein riesiges Reich.

Über 3000 Jahre lang war Ägypten die Heimat einer reichen und großartigen Zivilisation, die zurzeit des Neuen Reiches (1550–1069 v. Chr.) ihre glanzvollsten Jahre erlebte. Ägyptische Kunsthandwerker schufen einzigartige Bauten und kostbare Kunstschätze, die ägyptischen Pharaonen errangen große Siege und ägyptische Kaufleute reisten in weit entfernte Länder in Asien, Afrika und am Mittelmeer.

EINDRINGLINGE

Doch nach diesem »goldenen Zeitalter« begann die Macht Ägyptens zu schwinden und von Norden und Osten aus fielen feindliche Völker ein. Ägypten wurde zu einem verlockenden Ziel für jeden Angreifer, weil es keine starken Pharaonen mehr hervorbrachte, die die Armee kontrollieren, ehrgeizige Provinzgouverneure in ihre Schranken

Eine Straße in Sakkara zur Zeit der Ptolemäer. Unter ihrer Herrschaft (323–30 v. Chr.) übernahmen die Ägypter griechische Münzen und viele Aspekte griechischer Kunst und Architektur. ▼

▲ Kleopatra VII. (Regierungszeit 51–30 v. Chr.) war schön und klug, doch auch sie konnte die römische Invasion nicht verhindern. Aus Ägypten wurde »die Kornkammer des Reiches« – eine römische Provinz unter vielen, die dringend benötigte Nahrungsmittel für andere, von den Römern beherrschte Länder produzierte.

verweisen oder feindliche Angriffe abwehren konnten.

Eine Zeit lang änderte sich an der Religion, Kultur und am Lebensstil der Ägypter nichts, doch 671 v. Chr. fielen Krieger aus Assyrien in Ägypten ein und eroberten die nördliche Hälfte des Landes. 525 v. Chr. überquerte der persische Großkönig Kambyses II. mit einer Armee den Nil und machte ganz Ägypten zu einem Teil des mächtigen persischen Großreichs.

Im Jahre 322 v. Chr. übernahm eine neue Gruppe von Invasoren – Makedonier aus dem Norden Griechenlands – die Kontrolle über das Land. Sie wurden angeführt von Alexander dem Großen, dem jungen König der Makedonen. Alexander und seine Armee marschierten schon bald wieder weiter, doch er ließ General Ptolemäus als Statthalter zurück. Dieser wurde zum Begründer einer Dynastie, die Ägypten 300 Jahre lang regieren sollte.

DIE PTOLEMÄER

Ptolemäus und seine Nachfolger regierten das Land zunächst klug und weise, doch im Laufe der Zeit wurden sie immer egoistischer und streitsüchtiger. Außerdem sahen sie sich einer gefährlichen neuen Bedrohung gegenüber – dem schnell wachsenden Römischen Reich, dessen Soldaten bereits Länder in Europa, Nordafrika und im Nahen Osten erobert hatten. 58 v. Chr. ging der ägyptische Herrscher Ptolemäus XII. eine Allianz mit Rom ein und hoffte dadurch einen möglichen Angriff der Römer zu verhindern. Doch das ägyptische Volk war über seine Entscheidung so erbost, dass man ihn zur Flucht zwang.

KÖNIGIN VON ÄGYPTEN

Nach jahrelangen Familienstreitigkeiten wurde 51 v. Chr. Kleopatra, die Tochter von Ptolemäus XII., zur Königin von Ägypten gekrönt. Sie setzte ihre Schönheit ein, um gegen Rom zu kämpfen, und unterhielt gefährliche Liebesaffären mit Julius Cäsar und später Marcus Antonius, zwei hohen Generälen des Römischen Reiches. Doch selbst diese gewagte Strategie konnte die Römer nicht aufhalten – 31 v. Chr. begann der römische Feldherr Octavian einen Feldzug gegen Ägypten. Als sie einsehen musste, dass sie ihr Land nicht retten konnte, beging Kleopatra lieber Selbstmord als sich von römischen Soldaten gefangen nehmen zu lassen.

UNTER RÖMISCHER HERRSCHAFT

Nach Kleopatras Tod 30 v. Chr. wurde aus Ägypten eine römische Provinz, in der von nun an 500 Jahre lang römische Gouverneure herrschten. Alexandria, die Hauptstadt der Ptolemäer, blieb auch unter der römischen Herrschaft ein Zentrum des Wissens und des Handels, aber Ägyptens Macht und Wohlstand schwanden dahin.

Ägypten wurde zur Touristenattraktion für Besucher aus den Nachbarländern (wie etwa Griechenland), die sich die großartigen Bauwerke und die prächtigen Götterfeste ansehen wollten. Bis heute strömen Besucher aus der ganzen Welt nach Ägypten, um die Wunder des alten Ägyptens zu bestaunen.

▲ Manche ägyptischen Gebräuche blieben auch nach dem Einfall der Römer erhalten. Diese Mumie entstand etwa 100 n. Chr. mithilfe traditioneller ägyptischer Techniken, ist aber mit einem naturgetreuen Porträt im römischen Stil verziert.

GLOSSAR

Alexandria Die Hauptstadt Ägyptens zur Zeit der Griechen und Römer.

Amulett Ein Glücksbringer.

Amun-Re Mächtiger Gott von Theben, der als Sonnengott verehrt wurde. Auch als Ra bekannt.

Anch Kreuz mit schlaufenförmigem Oberteil – das Symbol des Lebens.

Anubis Der schakalköpfige Gott der Einbalsamierung und Schutzherr der Gräber.

Apis-Stier Der Gott Ptah in Tiergestalt.

Brandmal Kennzeichen, das mit einem heißen Eisen in die Haut eingebrannt wird.

Delta Schwemmland im Bereich einer Flussmündung ins Meer.

Demotisch Ägyptische Kurzschrift, die auf Hieroglyphen basiert.

Deschret (Rotes Land) Ägyptisches Wort für »Wüste«.

Dynastie Herrscherfamilie.

Feuerstein Ein besonders harter Stein, dessen abgesplitterte Stücke sehr scharfkantig sind.

Gummiharz Getrockneter Pflanzensaft.

Hieratisch Ägyptische Buchschrift, mit der Hieroglyphen auf Papyrus geschrieben wurden. Wurde für wichtige Dokumente verwendet.

Hieroglyphen Ägyptische Bilderschrift.

Horus Falkenköpfiger Gott der Schreiber.

Im schönen Westen Ein paradiesischer Platz im Jenseits.

Inschriften Schriftliche Aufzeichnungen auf Stein.

Isis Göttin, Schwestergemahlin des Osiris.

Ka Lebenskraft.

Kemet (Schwarzes Land) Ägyptisches Wort für »fruchtbarer Boden«.

Kiosk Kleiner Tempel.

Lapislazuli Tiefblauer Halbedelstein, der für Schmuck und andere Objekte verwendet wurde.

Magistrat Hoher Beamter.

Mastaba Altägyptischer Grabbau, geformt wie eine Bank oder ein Ziegelstein.

meret Ägyptisches Wort für »unfrei«.

Nekropolis »Stadt der Toten« – dieses griechische Wort für Begräbnisplatz wurde benutzt, um ägyptische Friedhöfe zu bezeichnen.

Notar Ein Schreiber, der die Gesetze studiert hat.

Nubien Das Land südlich von Ägypten, der heutige Sudan.

Osiris Gott der Toten; Brudergemahl von Isis.

Ostraka Kleine Scherben aus Ton, auf die kurze Nachrichten geschrieben wurden.

Pharao (Großes Haus) Ägyptischer König.

Punt Land südlich von Ägypten; wahrscheinlich das heutige Eritrea.

Sakkara Heilige Stadt am Rande der Wüste nahe Memphis.

Sänfte Kleines Bett mit Gardinen, in dem bedeutende Persönlichkeiten umhergetragen wurden.

Sarkophag (Fleischfresser) Griechisches Wort für einen Steinsarg.

Schreiber Gebildete Männer, die als Beamte am Hof oder in den Tempeln arbeiteten.

Schrein Ein heiliger Ort; das Allerheiligste eines Tempels.

Sehne Strang aus zugfesten Bindegewebsfasern, der Muskeln und Knochen miteinander verbindet.

Shwtyw Vertrauenswürdige königliche Händler, die als internationale Boten für die Regierung arbeiteten.

Sonnenbarke Sagenhaftes Boot, das durch den Himmel segelte und die Seelen toter Pharaonen ins Jenseits brachte.

Totenbuch Eine Sammlung von Zaubersprüchen, die die Toten im Jenseits beschützen sollten.

Uschebtis Kleine Figuren, die in die Grabstätten gelegt wurden und den Toten im Jenseits dienen sollten.

Venenum Gift.

Weihrauch Substanz, die bei Erhitzen einen süß duftenden Geruch verbreitet. Weihrauch wurde an heiligen Stätten wie etwa Tempeln benutzt.

Wesir Leitender Minister.

Widdersphinx Fabelwesen mit dem Körper eines Löwen und dem Kopf eines Widders.

Zehnt Teil des Ertrags, der als eine Art Steuer abgegeben werden musste.

INDEX

DANKSAGUNG UND BILDNACHWEIS

Der Verlag bedankt sich bei den nachfolgend genannten Fotografen und Institutionen für die Erlaubnis zum Abdruck von Bildmaterial:

Ancient Art & Architecture Collection 12 o, 13 ur, 19 ol, 31 m, 38 o
Ancient Egypt Picture Library 8 u, 25 o, 35, 39 u, 43 ur, 50 o
The Art Archive 59 ol
The Art Archive/Dagli Orti 14 u, 15 u, 34 u, 40 o, 43 o, 46 ol
The Art Archive/Archäologisches Museum Neapel/Dagli Orti 58 o
The Art Archive/Ägyptisches Museum Kairo/Dagli Orti 6, 34 o, 41 ur, 46 or, 46 u, 54 o
British Museum 22 l, 23 ul, 26 r, 27, 28 u, 42–43 u, 51 o, 55 or, 59 r
Werner Forman Archive 9 o, 14 o, 23 or, 28 o, 44 ul, 45 u, 48 ul, 49 o
Jilly MacLeod 23 ur
Science Photo Library 10–11 u, 11 ur
Archivio White Star/Araldo de Luca 53 o

(Die Tafeln »Alles über Ägypten« auf S. 13, 19, 24, 32, 45, 48 und 54 zeigen eine Grabstele von Nebnehehabsu; Abdruck mit freundlicher Genehmigung der **Birmingham Museum & Art Gallery**.)

Alle anderen Fotos mit freundlicher Genehmigung von **Wall to Wall Productions.**

Obwohl wir uns bemüht haben alle Urheber zu finden und zu nennen, möchten wir uns für etwaige Fehler oder Auslassungen entschuldigen.

Abkürzungen: o (oben), u (unten), m (Mitte), l (links), r (rechts)